NLP FÜR ANFÄNGER

Affirmationen, Glaubenssätze,
Verhaltensänderungen -
Wie Sie mit den Werkzeugen des NLP
Ihr Leben verändern!

***Bonus**:*

Das Gesetz der Anziehung

Markus Müller

1. Auflage

ISBN: 9781673711615

Inhaltsverzeichnis

Vorwort

Der Professor und Wissenschaftler Gerard Hüther hielt auf dem NLP-Kongress aus dem Jahr 2012 einen Vortrag zur Veränderbarkeit von Haltung und Geist aus neurobiologischer Sicht. Er ist für NLP relevant, geht es hier doch auch darum, Haltung und Geist zum Positiven zu verändern.

Gerald Hüther sprach in einem Vortrag über Veränderungen und stellte dabei den Begriff des Wandels, der Transformation, des Übergangs in den Vordergrund. Denn die Frage *„Wie geht es immer weiter?“* führt eher zu einer Pseudo-Veränderung, statt für einen qualitativen Sprung in eine andere Welt zu sorgen.

Dies kann mit einem biologischen

Übergangsprozess verglichen werden, und zwar mit dem Übergang vom Einzeller zum Vielzeller. Einzelkämpfer, die einen Verband bilden. Ein Verantwortlicher der BASF sagte, es werde nie wieder einen einzelnen Chemiker geben, der eine Formel finden wird, mit der man ein bestimmtes Produkt auf den Markt bringen kann.

Diese Zeiten seien vorbei und daher bringe es nichts, immer höher und weiter springen zu wollen. Teams werden hingegen gebraucht. Prozesschemiker, Verfahrenschemiker, Werbung bzw. Marketing-Experten müssten sich zusammensetzen und zu einem Vielzeller werden, um dies schaffen zu können.

Sie müssten ihre Kompetenzen in einen Topf werden, um hochkomplexe Lösungen zu finden. Nachhaltige und innovative

Produkte, die auf dem Markt ankommen. Die BASF habe dies seit fünf Jahren versucht, doch diese Versuche seien nicht von Erfolg gekrönt gewesen, was daran gelegen habe, dass jeder nur noch im Einzelgänger-Modus verharre und unter der Konkurrenz, unter dem Wettbewerb leide.

Viele tun so, als seien sie ein Team, doch in Wirklichkeit sind sie keine verschworene Gemeinschaft. Die Frage, die sich folglich stellt, ist die Frage, wie man einen Geist, Teamgeist ändert. Das ist es schließlich, was eine Gemeinschaft zusammenhält.

Wie bildet man solch einen Teamgeist aus? Wie lässt er sich verändern? Welche Möglichkeiten gibt es, ihn hervorzulocken, denn „*machen*" kann man ihn nicht.

Das zweite Beispiel zum Thema Übergang aus dem Tierreich handelt von Insekten, welche zu Wirbeltieren wurden. Insekten besitzen ein Exoskelett, also ein Skelett, welches sich von außen aufbaut. Plötzlich gab es einen Sprung und das Skelett entwickelte sich von innen, mithilfe des Endoskeletts.

Wir lebten bzw. leben in einer Welt, die von außen geformt wird bzw. geformt worden ist. Von der Regierung, von Hunger, Elend oder vom Krieg. Wenn diese äußeren Strukturen einmal wegfallen, kommt es zu einer Auflösung des Ichs, zu einem Werteverfall, man befindet sich auf der Suche nach Ordnung. *Was passiert, wenn das Äußere wegfällt?*

Man muss sich von innen entwickeln. Die Natur macht es vor. Wer nach Vorbildern sucht, die einem zeigen, wie man immer weiterwachsen kann, der kann an sein eigenes Gehirn denken. Denn während die Ressourcen auf unserer Erde immer knapper werden, wird das Hirn nicht immer größer, sondern intensiviert die Beziehungen der verschiedenen Einzelteile.

Kein Wachstum findet auf quantitativer Ebene statt, sondern Konnektivität und Verbundenheit. Es geht also um die Art und Weise, wie wir verschaltet sind.

Es geht auch um Vorstellungen, die in uns tief verankert sind. Auch dafür gibt es Beispiele aus der Tierwelt. Lachse schwimmen beispielsweise in ihre Herkunftsbäche, sobald sie geschlechtsreif sind. Sind sie dort erstmal angekommen, dauert es ungefähr drei Tage, bis sie alle sterben.

Auf diesen toten Lachsen wachsen wiederum Krebse, auf denen die kleinen Lachse leben. Man ging davon aus, dass es sich hierbei um eine Gesetzmäßigkeit handelt: Lachse sind nach drei Tagen tot. Doch diejenigen, die sich damit zufriedengaben oder -geben, kommen nicht weiter.

Es sind die „*Verrückten*“, die es besser wissen wollen, welche letzten Endes die Wissenschaft betreiben. Diejenigen, die nach etwas anderem suchen im Vergleich zu denen, die an das glauben, woran die anderen auch glauben.

Es gab einen Professor, der sich fragte: „*Warum sterben diese Lachse?*“ Sie sterben an Stress, sie bekommen dicke Nebennieren, sie haben Probleme mit ihrem Immunsystem. Er plante daraufhin ein komplexes Experiment und führte es auch durch: nach der Paarung versah er die entsprechenden Lachse mit einer roten Schwanzmarke, verfrachtete sie in einen Container und ließ sie mit einem Hubschrauber in den Atlantik zurückfliegen, bevor sie in ihren Herkunftsbächen wie sonst starben.

Das Resultat: es gibt kein „Programm“, wie man annahm, keine Gesetzmäßigkeit. Im nächsten Jahr kehrten die Lachse mit den roten Schwanz-Marken zurück in ihre Herkunftsbäche. Die Lachse sind schlichtweg von der Idee besessen, an den Ort zurückzukehren, den sie kennen.

Der Ort, von dem sie einst herkamen. Sie verfolgen den Geruch des Vertrauten und den Sexualhormonen, von denen sie sich steuern lassen. Ist der Sexual-Akt dann vollzogen, sind sie an ihren Herkunftsorten erst einmal angekommen, es ist das erste Mal seit vielen Wochen, dass sie keine Ideen haben und keine verfolgen.

Dann realisieren sie, dass das Wasser viel zu flach für sie ist. Dass sie nichts zu fressen haben, dass sie umgeben von anderen Lachsen sind und folglich sterben werden. Sie sterben an ihrer Idee, mit der sie unterwegs sind. Sie sind nicht in der Lage, sich zu fragen: *„Was mache ich denn hier? Warum muss ich zurückschwimmen?“* Diese Reflexion gelingt nicht.

Bei Menschen gibt es dieselben fixen Vorstellungen. Im letzten Jahrhundert existierte die Annahme, dass das Hirn und damit auch unser Zusammenleben von der Genetik dominiert wird, dass wir quasi von genetischen Programmen hergestellt wurden. Zwar orientieren sich unsere Zellen an der vorhandenen Genetik, doch komplizierte Beziehungsmuster im Gehirn werden nicht von der Genetik dominiert.

Dieser Irrglaube bestand aber und so existierte in den 1950er-Jahren das starre Denken, dass beispielsweise bei Trisomie 21-Kindern nichts mehr zu machen sei und das aufgrund ihrer bloßen Genetik. Das Resultat: sie kamen in eine Irrenanstalt und wurden das, was man in einer Irrenanstalt nur werden kann. Heutzutage gibt es die ersten Trisomie-21-Betroffenen, die Abitur machen und studieren.

Dies könnte man als Transformation bezeichnen. Sie haben das nicht erreicht, weil sie *„von oben nach unten"* unterrichtet wurden. In jedem Kind stecken unglaubliche Potenziale. Wenn ein Kind mit Trisomie 21 Abitur machen kann, dann kann es jedes Kind.

Genauso glaubten Hirnforscher, die Entwicklung des Hirnes sei ab einem bestimmten Zeitpunkt zu Ende. Ab den 80er/90er-Jahren änderte sich dieses Denken. Beim Erlernen von Fremdsprachen, von Instrumenten, entstehen neue Verschaltungen. Das Hirn ist das formbare Organ überhaupt, das erkannte man schließlich.

Die erste Falle war es also, zu glauben, Gott oder die Genetik setzen der Entwicklung des Hirns Grenzen. Nachdem sich dies relativierte, glaubte man, um viel Hirn zu haben, müsse man viel Hirn benutzen. Die Leistungsgesellschaft war geboren. Man glaubte, der Hirn sei ein Muskel, den man trainieren könne, was allerdings falsch sei.

Damit sich im Hirn etwas verändert, müssen emotionale Zentren aktiviert werden. Dopamin, Peptid-Hormone, ein Cocktail unterschiedlichster Botenstoffe müsse ausgeschüttet werden, um für eine Veränderung zu sorgen. Diese neuroplastischen Botenstoffe wirken ähnlich wie Dünger. Dann werden neue Verschaltungen im Hirn gebaut und es kann zu einem Zustand der Kohärenz kommen.

Das ist der Zustand, in dem es „*wieder passt*". Das ist auch der Grund, warum Schüler in der Schule nicht unterrichtet und erzogen werden können. Es nützt nichts, wenn der Lehrer von seinem Stoff begeistert ist, wenn bei ihm die „*Dünger-Gießkanne*" aktiviert ist, so wie es oft der Fall ist.

Die Schüler müssten spüren, wie gut die vorgetragene Lösung ist, damit eine Vernetzung im Hirn aktiv wird. Bei

Kindern ist dies noch der Fall, bei 3-5-Jährigen beispielsweise 50 bis 100-mal am Tag. Sie brauchen Langeweile, nicht ständige Stimulation und Frühförderung.

Wichtig ist es, dass sie Fragende bleiben. Im Prinzip sollte die Erziehung keine Antworten auf ihre Fragen liefern, sondern Antworten liefern, die dazu führen, dass immer weiter gefragt wird. 4-Jährige sollten etwa 400 Fragen am Tag stellen.

Sie sind einem wahren Begeisterungssturm ausgeliefert, bis wir sie in die Schule stecken. Mit Freude und Begeisterung werden sie in ein System gesteckt, in dem die Begeisterung innerhalb von zwei Jahren meistens abhandenkommt.

Wer mit 85 Jahren kein Chinesisch mehr lernen will, der hat kein Hirnproblem, sondern ein Begeisterungsproblem. Das Problem ist nur: an sich selbst kann man sich nicht begeistern. Wie können wir eine Entgeisterungs- in eine Begeisterungskultur verwandeln? Dafür brauchen wir Schwung und unsere Beziehungen müssten wichtiger werden.

Was geht uns unter die Haut? Erfahrungen, die sie sind für uns wichtiger als auswendig gelerntes Wissen. Es geht um die emotionale Aktivierung eines jeden Menschen. Wir fällen unsere Bewertungen und Entscheidungen des Lebens nicht nach unserem Wissen, sondern nach Erfahrungen, Lösungserfahrungen. *„Obwohl der Mathematiklehrer so und so war, habe ich …"*

Diese Erfahrungen werden im Frontalhirn abgespeichert. Dort wird ein komplexes

Netzwerk aktiviert. Dabei gibt es einen kognitiven Anteil, aber auch ein emotionales Netzwerk. Beide Netzwerke verknüpfen sich bei solchen Erfahrungen.

Deshalb können wir auch nach Jahren noch erzählen, was passiert ist (kognitiver Anteil) und wir können erzählen, wie es uns ergangen ist (emotionaler Anteil). Sammeln wir ähnliche Erfahrungen häufiger, dann entsteht eine Art Meta-Erfahrung, eine innere Einstellung, eine innere Haltung, die natürlich nicht sichtbar ist.

Aus Erfahrungen werden also Haltungen, die auch emotional und kognitiv zugleich sind. Es gibt innere Einstellungen und Haltungen und es gibt feste Überzeugungen und Vorstellungen. Karl Marx meinte einst, unsere Ideen seien wie Ketten, derer man sich nicht entreißt, ohne sein Herz zu zerreißen. Der Trick lautet jedenfalls: man muss Leute berühren.

Heutzutage gibt es viele Programme, die Verhalten ändern sollen. Hier wird allerdings auf einer falschen Ebene agiert. Das Verhalten zu verändern, kommt einer Dressur gleich. In diesem Fall arbeitet man mit Belohnung und Bestrafung. Eher verändern sich in diesem Fall die Verhaltensweisen. Statt der Haltung: Disziplin ergibt sich eine andere Haltung: Gehorsam.

Das Verhalten sollte nicht verändert werden, sondern die innere Einstellung. Das geht nicht über den kognitiven Weg. Raucher kennen den Spruch *„Rauchen schadet Ihrer Gesundheit“* auf den Zigarettenschachteln. Kognitiv gesehen wissen Raucher: *„Das stimmt!“* Emotional gesehen existiert nach einer Weile doch wieder die Lust, zu rauchen.

Jedenfalls ist es Unsinn, Gedanken und Gefühle voneinander zu trennen. Gefühle sind wie Fahnen, die für uns bewerten, was wichtig ist und was nicht. Savants oder Computer können das beispielsweise nicht.

Verhalten lassen sich ändern, doch Haltungen nicht. Mit Ratgebern etc. ist das nicht möglich. Ungünstige Haltungen entstehen durch ungünstige Erfahrungen. Daraus resultiert, dass man günstigere Erfahrungen machen sollte. Man muss den Menschen die Chance geben, günstigere Erfahrungen machen zu können - in der Beziehung zu einem selbst und zu anderen. Indem man neue Erfahrungen sammelt, ändert man seine Haltung.

Im Prinzip müsste man diejenigen Menschen einladen, die eine ungünstige Haltung haben. Das Problem ist nur: man mag sie nicht. Hierbei handelt es sich um eine wichtige Fähigkeit, die zum Beispiel Lehrer und Führungskräfte besitzen sollten: Menschen eine Chance zu geben, die man „*eigentlich*" nicht mag.

Das Ausschließen und Ablehnen hingegen ist eine Form der Selbstverstümmelung. Man beraubt sich der Möglichkeit, etwas für sich selbst zu gewinnen. Man beraubt sich des Versuches, etwas zu finden, das man mögen könnte. *„Man mag Imker und lädt einen Imker, nicht den Karl ein. Doch Karl kommt hinterher."* Statt zu erziehen, sollte man Menschen einladen, so die Forderung des Professors.

Man muss den Mut haben, zu glauben, dass es funktioniert. Dass beispielsweise etwas in Trisomie 21-Betroffenen steckt, das man nicht kennt. Man darf sie nicht abstempeln. Dasselbe gilt im Übrigen für Demenz-Betroffene oder beispielsweise auch für ADHS-Kinder.

Warum das so ist bzw. so sein sollte, hat nicht zuletzt die Nonnenstudie bewiesen. Ein Forscher untersuchte die Leistungsfähigkeit von Nonnen durch Fragebögen und stellte fest, dass sie tatsächlich auffällig selten an Demenz erkrankten. Nach deren Tod untersuchte er ihre Hirne und machte überraschende Entdeckungen.

Manche Gehirne waren völlig zerfressen. Die entsprechenden Nonnen müssten eigentlich von der Demenz gezeichnet sein, doch sie waren es nicht. Sie mussten also etwas rekonstruiert bzw. den Zerfall durch positive Einflüsse verhindert haben.

Der Professor spricht hier unter anderem von Verstehbarkeit, Gestaltbarkeit und Sinnhaftigkeit in deren Leben und von einem Kohärenzgefühl, das den Dünger dauerhaft ausschütten lässt und dazu führt, dass sie keine Demenz haben, obwohl sie Demenz haben.

Wenn man aus einer Gruppe ausgeschlossen wird, tut dies neurobiologisch gesehen genauso weh, wie ein Tritt in den Bauch, da das Hirn dieselben Netzwerke nutzt. Kommt es zu einem solchen Ausschluss, zu einer Nicht-Befriedigung des Bindungsbedürfnisses, wird nach einer Ersatz-Befriedigung (Computerspiele, Shopping etc.) gesucht, welche abhängig macht. Daher hat die Industrie auch ein Interesse daran, dass möglichst viele Menschen unglücklich sind.

Wenn man ausgeschlossen wird, werden die Schmerzgebiete im Hirn lediglich überdeckt. Es tut nichts mehr weh und letzten Endes spürt man sich selbst nicht mehr. Der Körper ruft, doch man hört nichts mehr. Chronische Krankheiten entstehen, Signale können aufgrund der gestörten Beziehungen nicht mehr wahrgenommen werden.

Solche „*Ungeiste*" schaffen Erfahrungsräume, die Haltungen kreieren, welche sich diesen Ungeisten anpassen. Haltungen, die sich in Fragen wie „*Wann habe ich denn endlich Feierabend?*" manifestieren.

Ein Arzt kann niemanden heilen. Er kann nur dafür sorgen, dass sich die Selbstheilungskräfte des Menschen gut entfalten können. Kinder haben häufig keine Geduld und sind ihren Impulsen ausgeliefert. Das ist häufig der Fall, weil sie keine Erfahrungen mehr damit machen, wie schön es sein kann, wenn man geduldig ist oder sich kontrolliert.

Daher muss man dem Kind Gelegenheiten geben, diese Erfahrungen zu sammeln. Erfahrungen, die zeigen, wie schön es ist, etwas zu planen oder dic Folgen von Handlungen abzuschätzen. Eine häufige Taktik sieht so aus, dass die Kinder etwas Mama zur Liebe tun.

Eine andere Möglichkeit wird oft vergessen: zusammen mit anderen etwas zu machen, zum Beispiel im Chor, in dem nicht jeder so trällern kann, wie es ihm beliebt. Für ADHS-Kinder kann sich der Nutzen von Disziplin zum Beispiel auch in Gemeinschaften ergeben. Bauen sie gcmeinsam ein Baumhaus, können sie zuerst einen Plan erarbeiten. Sie haben ungünstige Erfahrungen in ihrem Leben gemacht, doch das Gute ist, dass jederzeit günstigere Erfahrungen gesammelt werden können. Das Ziel ist es daher, Menschen etwas wieder finden zu lassen, was sie verloren haben.

Als Autor dieses Buches habe ich in meinem eigenen Leben erfahren müssen, dass die Fähigkeit zur Veränderung im Leben von entscheidender Bedeutung ist. Fähig sein, sich verändern zu können, ist dabei das Eine. Es zu müssen ist im Ernstfall aber das Andere. Daher ist es im Leben ratsam, Tipps und ein Set an Instrumenten an seiner Seite zu haben, um Herausforderungen im Leben besser meistern zu können. Das NLP, zumal es auch umstritten sein mag, bietet Instrumente, Werkzeuge und Möglichkeiten an, um das Leben aus verschiedenen Blickwinkeln sehen zu können und um es, das ist das Entscheidende, zum Positiven verändern zu können. Wie der Professor im Video sagte, kann es ein positives Ziel sein, Menschen etwas wieder entdecken zu lassen, das sie verloren haben. Genau das ist die Marschroute für die hier vorliegende Lektüre. Ich wünsche viel Spaß und Erfolg dabei, in die Welt des NLP einzutauchen und dabei womöglich persönliche Dinge wiederzufinden, die man einst vielleicht verloren hat.

Markus Müller

Einleitung

Sind Sie der Meinung, dass Ihre Verhaltensweisen schon tadellos sind und keine Verbesserung benötigen? Wahrscheinlich nicht, denn kein Mensch kann selbstbewusst und reflektiert behaupten, er habe ein perfektes Verhalten und verfolge nicht hin und wieder Trugschlüssen, sei kein Opfer von negativen Gedanken, welche den Weg zu persönlichen Zielen erheblich erschweren können.

Was Sie von vielen Menschen aber unterscheidet, ist die Bereitschaft, an negativen Verhaltensweisen zu verarbeiten, um sich zu verändern. Die Bereitschaft und das Bewusstsein, etwas ändern zu wollen, ist bereits überaus wichtig, um sein Verhalten dann auch ändern zu können.

Der erste Schritt ist Ihnen auf Ihrem Weg also schon gelungen, denn allein zu dieser Erkenntnis kommen nicht viele. Auch die Fähigkeit, sich auf neue Dinge einzulassen, offen durch die Welt zu gehen und an die Veränderung des eigenen Selbst zum Positiven zu glauben, ist eine Fähigkeit, die man nicht unterschätzen sollte. Wir leben in einer Zeit der Individualisierung, in der sich jedes Individuum bestmöglich entfalten möchte.

In dieser Hinsicht bedient das NLP genau diesen Zweck, denn auch hier geht es um Individualisierung und um Methoden zur persönlichen Weiterentwicklung und um Wege zu einer verbesserten Kommunikation. Eine ziel- und erfolgsorientierte Art, um das menschliche Bewusstsein zu verändern.

Das NLP wird inzwischen für private, aber

auch für therapeutische Zwecke genutzt und findet in der Wirtschaft, in der Politik, aber auch in den öffentlichen Medien Anwendung. Die Schlüsselfrage, die sich der Gründer John Grinder stelle, war: *Worin liegt der Unterschied zwischen einer genialen und einer durchschnittlichen Vorgehensweise? Worin unterscheidet sich eine geniale von einer durchschnittlichen Handlung?*

Um diese Fragen zu beantworten, studierten John Grinder und Richard Bendler im Jahr 1974 erfolgreiche Therapeuten. Kritisiert wird das NLP oft als Pseudo-Wissenschaft. Dabei ist es schwer, *„das NLP“* überhaupt zu definieren, da es viele verschiedene Wege gibt, NLP zu verstehen und es in der Praxis anzuwenden.

Bei manchen Menschen können sich Veränderungen ergeben, bei anderen nicht.

Bei Psychotherapien ist das im Prinzip aber auch nicht anders: es gibt keine pauschalen Erfolgsrezepte für eine Veränderung. Die Möglichkeit zur Veränderung steckt nicht in einer Therapie, auch nicht im NLP, sondern letzten Endes immer in einem selbst.

Das NLP kann jedoch eine Methode mit wiederum vielfältigen Methoden sein, um diese Veränderungen zu triggern. Auf den kommenden Seiten werden Sie alles Wissenswerte über das NLP erfahren. Sie werden also auf jeden Fall als schlauerer Leser in Ihre Realität entlassen, als Sie es ursprünglich waren. Inwiefern Sie das NLP letzten Endes nutzen wollen, liegt letzten Endes in Ihrer Hand.

Anhand von praktischen Übungen haben Sie die Chance, das Gelernte und Theoretische direkt praktisch anzuwenden, um den potenziellen Mehrwert für sich gleich zu erforschen. Bei Ihrer Lektüre und den damit potenziell verbundenen Übungen zu einer besseren Version Ihres Selbst wünsche ich Ihnen viel Spaß und ggf. auch Erfolg!

Definition von NLP

Das sogenannte Neuro-Linguistische Programmieren, kurz NLP, beschreibt eine Technik, die von vielen Menschen unterschiedlich definiert, vor allem aber sehr unterschiedlich verwendet wird und verwendet werden kann. Allgemein handelt es sich um eine Sammlung von Kommunikationstechniken und Methoden, um psychische Abläufe innerhalb eines Menschen verändern zu können.

Dafür werden Konzepte aus verschiedenen Therapien aufgegriffen. Beispielsweise sind Einflüsse der klientenzentrierten Therapie, der Gestalttherapie, der Hypnotherapie, aber auch Inhalte der Kognitionswissenschaften und des Konstruktivismus in die Techniken des NLP eingeflossen.

Der Begriff an sich erklärt schon, worum es beim NLP eigentlich geht:

Vorgänge im Gehirn, neuronale Prozesse, sollen mithilfe der Sprache anhand von systematischen Methodiken verändert werden, sozusagen umgeschrieben und unterschiedlich programmiert werden.

Das NLP geht im Wesentlichen auf zwei Erfinder zurück, welche die Technik in den 1970er-Jahren in ihren Grundzügen erschufen: Richard Bandler und John Grindler. Laut ihrer Definition handelt es sich beim NLP um das Studium über die Struktur subjektiver Erfahrungen. Ihr ursprüngliches Ziel sah so aus, dass sie die Wirkungsweise von erfolgreichen Therapien erforschen wollten, um sie anderen weiterzuvermitteln.

Sie stellten den kommunikativen Aspekt der Therapie bzw. des behandelnden Therapeuten in den Vordergrund, weshalb der kommunikative Aspekt beim NLP ebenfalls charakteristisch ist. Bisher, und das bemängeln Kritiker, fehlt es dem NLP noch an wissenschaftlichen Grundlagen und damit an handfesten Beweisen hinsichtlich der Wirksamkeit der Methode.

Ziele und Grundsätze des NLP

NLP kann als Werkzeugkasten beschrieben werden, in dem sich verschiedene Techniken und Methoden befinden. Die Methoden des NLP können für ganz verschiedene Ziele genutzt werden. Folgende Ziele sind allerdings besonders beliebt und geeignet, wenn es um die Anwendung von NLP geht.

Jeder von uns hat Verhaltensweisen, die

er vielleicht als nachteilhaft und störend empfindet, die er aber nicht beiseitelegen kann bzw. nicht weiß, wie man das anstellen soll. Auch ist es natürlich möglich, dass solche unvorteilhaften Verhaltensweisen existieren, man sich selbst aber nicht darüber im Klaren ist. Mit NLP kann man dazu in der Lage sein, negative Verhaltenszüge abzulegen.

Jeder Mensch besitzt bestimmte Einstellungen. Häufig sind es genau diese Einstellungen, die uns beim genaueren Hinsehen eher einschränken, statt uns Türen zu öffnen. Auch diese eher einengenden Einstellungen verhelfen uns nicht gerade zu einem erfolgreichen und freien Leben, weshalb auch sie durch die Anwendung von NLP durch zielführendere Einstellungen ersetzt werden können.

Dass Kommunikation im Zusammenhang

mit NLP steht, ist ja bereits angeklungen. Das ist genauer gesagt ein Kernthema, welches mit NLP verbunden ist. Mithilfe der Techniken ist man in der Lage, die Kommunikation zu sich selbst, aber auch die Kommunikation mit anderen Menschen zu verbessern.

Generell gesagt soll es NLP ermöglichen, die Qualität des eigenen Erlebens zu steigern, was letzten Endes bedeuten, dass Leben und seine positiven Facetten intensiver und mehr genießen zu können, während die negativen Gefühle seltener werden sollen bzw. können.

Einstellungen und Axiome des NLP

Um NLP anzuwenden bzw. um es zunächst einmal zu verstehen, gibt es einige Grundannahmen und Prämissen, sie werden Axiome genannt, welche als Grundlagen angesehen werden und für alle Methoden, Prozesse und Modelle des NLP gelten. Diese sollen im Folgenden kurz skizziert werden.

Axiom 1: Über Landkarten

Nach den Grundlagen des NLP hat jeder Mensch in seinem Leben seine eigene, ganz individuelle Landkarte. Jeder hat eine unterschiedliche Vergangenheit, welche unterschiedliche Erfahrungen und damit auch verschiedene Ansichten produziert hat.

Die Landkarten jedes Menschen bestehen also aus eigenwilligen Einstellungen und Glaubenssätzen. Aufgrund dieser Subjektivität sind die Landkarten verzerrt oder an manchen Stellen zum Beispiel auch vereinfacht. Wir gehen alle davon aus, dass unsere Landkarte der Realität entspricht. Die einzig wirkliche Realität schließlich.

Doch letzten Endes existieren viele Menschen und damit viele individuelle Realitäten. Wichtig ist es in diesem Zusammenhang, dass die Landkarten der Menschen nicht als richtig oder falsch angesehen bzw. bewertet werden. Sie sind einfach nur unterschiedlich, verschieden, haben aber ihre eigene Legitimation. Es gibt keine falschen Sichten, weshalb die Sicht des Gegenübers so gewürdigt werden sollte, wie die eigene Sicht.

Eine grundlegende Unterscheidung, bzw. ein Kriterium für Landkarten gibt es aber und das ist die Nützlichkeit. Um ein bestimmtes Ziel zu verfolgen und um es in die Tat umzusetzen, können manche Landkarten dafür geeigneter und zielführender sein als andere Landkarten. Landkarten können überprüft und verändert werden.

Das NLP sieht es vor, Einstellungen und Glaubenssätze zu verändern, wenn sie auf Nützlichkeit geprüft wurden und ggf. für weniger nützlich gehalten wurden, da sie uns schaden oder uns an etwas hindern.

Axiom 2: Über Entscheidungen

Eine weitere Grundannahme und Grundlage des NLP beschreibt die Entscheidungen von Menschen. Menschen geben immer ihr Bestes, sprich, deren Verhalten ist das bestmögliche Verhalten in einer entsprechenden Situation. Selbst wenn Landkarten in der Praxis nicht nützlich sind und aus einer objektiven Perspektive nicht zielführend sind, spiegeln sie das wieder, wozu Menschen in ihren jeweiligen Situationen in der Lage sind.

Axiom 3: Über positive Absichten

Aus dem zweiten Axiom der bestmöglichen Entscheidungen von Menschen speist sich auch dieses Axiom der positiven Absichten. Hinter dem Verhalten der Menschen steckt eine positive Absicht, denn hinter unseren Entscheidungen steckt die Vermutung, Hoffnung bzw. der Glauben, dass es sich um eine gute bzw. richtige Entscheidung handelt.

Selbst ein objektives Verhalten, das dem eigenen Ich schadet, kann unter der Lupe positive Absichten und Zwecke verfolgen. Wiegen Sie beispielsweise deutlich zu viel, doch Sie haben es bisher nicht geschafft, abzunehmen, dann kann dies tieferliegende Gründe haben.

Beispielsweise handelt es sich bei Ihrem Übergewicht um einen Schutzpanzer, um sich „*auszuklinken*", um sich für andere Menschen pauschal unattraktiv zu machen, um sich vor möglichen Verletzungen und Rückschlägen zu schützen. Solche „*positiven Absichten*" - positiv für den Selbsterhalt und den Schutz des eigenen Ich - müssen nur herausgefiltert und enttarnt werden.

Axiom 4: Über Körper, Geist & Seele

Laut diesem Axiom wirken Körper, Geist &

Seele wie eine Einheit und können sich damit auch direkt und indirekt beeinflussen. Durch eine Veränderung der Körperhaltung können sich beispielsweise Gefühls- und Gedankenzustände verändern.

Gleichzeitig kann sich auch unsere Körperhaltung verändern, wenn sich gleichzeitig unsere Gedanken verändert haben. Laut der Immunbiologie hat dieser Effekt im menschlichen Körper noch gravierende Auswirkungen. Unsere inneren Einstellungen und die daraus folgenden Gedanken üben einen großen Einfluss auf das Immunsystem aus.

Bei fröhlichen Gedanken arbeitet das Immunsystem besser, als dies beispielsweise bei negativen Gedanken der Fall ist. Es ist kein Zufall, dass psychische Faktoren bei bestimmten Darmerkrankungen, beispielsweise beim Reizdarmsyndrom, entscheidend sein können, da der Darm ähnlich aufgebaut ist wie das menschliche Gehirn mit seinen Neurotransmittern.

Grundlegend kann festgehalten werden, dass es sich bei der Einheit aus Körper, Geist und Seele um eine Einheit handelt, die nicht getrennt werden kann und daher auch nicht getrennt betrachtet werden sollten.

Axiom 5: Über Ressourcen

Diese Annahme des NLP besagt, dass im Menschen bereits alle Ressourcen vorhanden sind, die er zum Leben benötigt. Ressourcen können dabei Erfahrungen, Erinnerungen, Wissen, aber auch Bilder sein, die im Leben nützlich sein und zum Beispiel auch Probleme lösen können.

Es ist allerdings nicht immer möglich, über diese Ressourcen zu verfügen, da der

Zugang eingeschränkt sein kann. Um Probleme zu lösen, ist es die Aufgabe des Menschen, den Zugang zu den nötigen Ressourcen möglich zu machen.

Axiom 6: Über Flexibilität

Dieser Grundsatz sagt aus, dass Strategien und Taktiken verändert werden sollten, wenn etwas nicht wie geplant funktioniert. Methoden und Prozesse können bei Menschen völlig unterschiedlich wirken.

Daher geht es darum, die für sich erfolgreiche Methode zu finden. Sollten Sie mit einer Methode nicht wie gewünscht vorwärtskommen, sollte man seine Strategie überdenken und verändern, notfalls so oft, bis man die richtige Formel für sich gefunden hat.

Eine Erfolgsformel, die aus dieser Tatsache hervorgeht, könnte daher wie folgt lauten:

Ziel klarmachen und vor Augen haben. (1)

Überprüfen, ob Sie sich mit der Strategie Ihrem Ziel annähern. (2)

Verändern der Strategie, bis das Ziel erreicht wurde oder gar ein besseres Ziel ausgemacht werden konnte. (3)

Axiom 7: Über Handlungsoptionen

Ein weiteres Axiom rund um NLP besagt, dass mehr Wahlmöglichkeiten in einer Situation zum Vorteil des Menschen sind. Denn dann sind die Chancen größer, dass wir ein gewünschtes Resultat erreichen können, da wir flexibel reagieren können.

Bei wenigen Möglichkeiten besteht die Gefahr, festzustecken, was dazu führen kann, dass man sein Ziel aufgibt. Mit vielen Handlungsoptionen können wir vieles ausprobieren, um ein Ziel zu erreichen. So können Strategien an Umstände und äußere Einflüsse angepasst werden.

Die zehn Grundsätze des NLP

Eng verwandt mit diesen Axiomen des NLP sind **zehn Grundsätze des NLP**, die in der Literatur auf verschiedene Art und Weise definiert und formuliert werden.

1. Grundsatz:

Menschen orientieren sich in ihrer eigenen Welt anhand einer individuellen Landkarte: zu Beginn unseres Lebens ist unsere mentale Landkarte sehr klein und nur wenige Wege und Gebiete sind darauf eingetragen.

Durch neue Wege in unserem Leben, die wir gehen, erweitert und verändert sich diese Landkarte. Zu Beginn probieren wir viel aus und wir experimentieren mit unserer Landkarte, doch nach einer Weile kehrt eine gewisse Routine ein und wir gehen bestimmte Wege immer wieder. Die Landkarte muss stets auf dem neusten Stand gehalten werden, damit wir uns im Leben fortbewegen können.

2. Grundsatz:

Gute Karten sind Karten mit vielen Wegen: eine Karte mit einem Weg ist in der Praxis wertlos und überflüssig, denn hier bestehen keine Wahlmöglichkeiten. Ist die Karte jedoch genauer und zeigt sie mehr Wege an, gibt es auch automatisch und gleichzeitig mehr Wege, um an sein Ziel zu kommen.

3. Grundsatz:

Jedes Verhalten basiert auf positiven Absichten: ein Verhalten, das aus einer bestimmten Situation hervorgeht, hatte positive Absichten und Zwecke, denn sonst wäre dies nicht als Weg auf der mentalen Landkarte aufgetaucht.

Es ist wichtig, hinter einem negativen Verhalten die positive Absicht zu erkennen, um ein neues Verhalten entwickeln zu können. Ignoriert man diese positive Absicht, bleibt ein Widerstand bestehen und die Beschreitung eines neuen Weges wird scheitern.

4. Grundsatz:

Jede Erfahrung hat eine Struktur: Erfahrungen werden durch sinnliche Wahrnehmungen strukturiert. Es geht also um *SEHEN*, *HÖREN*, *FÜHLEN*, *RIECHEN* und *SCHMECKEN*. Da jede Erfahrung eine Struktur hat, lassen sich einzelne Elemente der Erfahrung verändern. NLP kann also neue Erfahrungen angenehm machen, unangenehme Erinnerungen neutralisieren und innere Kräfte wecken.

5. Grundsatz:

Für jedes Problem gibt es eine Lösung: Probleme entstehen erst, indem wir uns unsere Welt auf eine individuelle Art und Weise interpretieren. Hat man das realisiert, wird man in der Lage sein, Dinge auszuprobieren, um Probleme zu lösen bzw. um herauszufinden, wie man scheinbar unlösbare Probleme lösen kann.

6. Grundsatz:

Menschen verfügen über alle Kräfte, die sie benötigen: Alle Ressourcen, über die ein Mensch verfügt und verfügen kann und die in ihm schlummern und auf Abruf warten, setzen sich aus Elementen der Wahrnehmung, sprich aus den fünf Sinnen (hören, sehen, fühlen, riechen, schmecken) zusammen.

7. Grundsatz:

Körper, Geist und Seele sind Teil eines Systems: sämtliche Gedanken und Gefühle führen zu körperlichen Veränderungen. Umgekehrt führen körperliche Veränderungen zu einer Veränderung der geistigen Vorgänge.

Dies wird durch NLP so genutzt, indem sich durch die Abwandlung von Denkmustern körperliche Probleme regulieren lassen. Andererseits lassen sich Gedanken und Gefühle durch körperliche Vorgänge (beispielsweise Muskelanspannung) positiv beeinflussen.

8. Grundsatz:

Die Bedeutung von Kommunikation manifestiert sich in ihrem Ergebnis: entscheidend bei der Kommunikation ist das Resultat, das beim Empfänger ankommt. Person A bewegt ihre Lippen und sendet Schallwellen aus, die das Ohr von Person B treffen.

A möchte nun, dass B in gewünschter Weise reagiert. Wichtig ist nicht, was zu sagen ist, sondern was letztlich als Botschaft bei B ankommt.

9. Grundsatz:

Es gibt kein Scheitern – nur Rückmeldungen: Ergebnisse werden durch Handlungen erreicht. Der Weg zum Ergebnis kann allerdings nur mithilfe von vielen kritischen Rückmeldungen gegangen werden.

Sie teilen einem mit, ob die Zielrichtung noch stimmt. Probleme, Hindernisse, oder Formen von Scheitern sind sinnvolle und hilfreiche Rückmeldungen, die einen darauf hinweisen, wie man effektiver vorgehen sollte, um sein Ziel auch zu erreichen.

10. Grundsatz:

Wenn etwas nicht funktioniert, versuche es auf eine andere Art und Weise: NLP erkennt alle ineffektiven Verhaltens- und Denkmuster und verändert diese. Indem man sich für NLP interessiert und sich dafür öffnet, wurde der erste Schritt bereits getan. Wenn sich bestimmte NLP-Techniken als ineffektiv beweisen sollten, dann probiere die anderen!

Paradigmen des NLP

Wie sich bereits aus den bisherigen Kapiteln herauslesen lässt, sind die fünf Sinne des Menschen entscheidend, wenn es um das NLP geht. Innere Vorgänge des Menschen werden beim NLP mit der inneren Wahrnehmung gleichgesetzt. Dies basiert auf der Annahme, dass der Mensch seine Natur und Umwelt mit den fünf Sinnen wahrnimmt.

Visuell (mit dem Sehsinn, sprich den Augen) (1)

Auditiv (mit dem Hörsinn, sprich mit den Ohren) (2)

Kinästhetisch (mit allen Körperteilen, haptische Wahrnehmung) (3)

Olfaktorisch (Geruchssinn, Nase) (4)

Gustatorisch (Geschmackssinn, Zunge/Rachenschleimhaut) (5)

Diese **fünf Sinne** werden mit VAKOG (visuell, auditiv, kinästhetisch, olfaktorisch, gustatorisch) abgekürzt. Das NLP verfolgt weiterhin die Annahme, dass zwei dieser fünf Kanäle bevorzugt gemeinsam benutzt werden. Visuelle und akustische, sowie visuelle und kinästhetische Sinne beispielsweise.

Anwendungsmöglichkeiten des NLP

NLP befasst sich bekanntlich mit menschlicher Kommunikation. Die Anwender des NLP haben verschiedene Ziele bzw. Verbinden NLP stets mit unterschiedlichen Zielen. Viele sehen dabei die konstruktivistische Sicht auf Kommunikation im Vordergrund. Außerdem bietet NLP lösungsorientierte Herangehensweisen.

In vielen NLP-Methoden geht es darum, einen Draht zum jeweiligen Gegenüber aufzubauen. In der Psychologie spricht man in diesem Zusammenhang vom Rapport, sprich, eine vertrauensvolle Beziehung zwischen zwei Menschen, die unter anderem von Empathie geprägt ist. Als Mittel für diesen Rapport dienen hierbei zwei Werkzeuge: das Pacing (Spiegeln) und das Leading (Führen).

Pacing (anpassen, mitgehen, spiegeln): diejenige Person, die das Bestreben hat, zu „führen“, gleicht ihre Verhaltensweise an die Person an, die aktuell führt. Dies geschieht, indem die Körpersprache, Mimik, Stimme und Sprache an das Gegenüber angepasst wird. Die Haltung wird angeglichen, zudem auch Gestik und Atemfrequenz.

Weiterhin können Gesichtsausdruck, Stimmlage, Lautstärke und Sprechgeschwindigkeit angeglichen werden. Auch ähnliche Wörter können verwendet werden, um sich so der anderen Person anzunähern. Hat die Person so das Vertrauen der anderen Person gewonnen, kann sie zum Leading übergehen.

Beim Leading können neue körpersprachliche und auch tonale Signale gesetzt werden. Dies kann positive Zwecke verfolgen, beispielsweise indem ein Therapeut seinem Patienten gewisse wichtige Dinge vermittelt. Es kann aber auch zu manipulativen Zwecken verwendet werden, beispielsweise beim Verkaufstraining.

Neben diesen theoretischen Überlegungen und Eckpfeilern geht es beim NLP natürlich auch darum, das Gelernte in der Praxis, in der Realität und damit im Alltag anzuwenden. Es gibt verschiedene Bereiche, in denen NLP im Sinne der Erfinder und Anwender sinnvoll benutzt werden kann.

Generell ist es dann sinnvoll, wenn Kommunikation von Bedeutung ist, wenn es also darum geht, das eigene Potenzial auszuschöpfen. In diesem Zusammenhang kann NLP eine Entwicklung in Gang setzen. Dies ist zum Beispiel möglich…:

… im Bereich der Psychotherapie / im Bereich Coaching

NLP wird seit einigen Jahren auch von manchen Psychotherapeuten genutzt und verwendet. Auch Beratungsstellen, psychosoziale Einrichtungen und sonstige Institutionen dieser Art profitieren vom NLP-Verfahren.

Ein Großteil der eigentlichen NLP-Forschungsinhalte stammt dabei von Psychotherapeuten, welche durch enge Zusammenarbeit herausgefiltert werden konnten. Durch eine sorgfältige Analyse konnten Informationen und Verhaltensmuster überhaupt an andere Menschen weitergegeben werden.

Vor allem Phobien werden mit NLP-Methoden behandelt und therapiert. Dies erfolgt mit präzisen Sprachmustern und einem systematischen Zugang zur Individualität der Patienten, wodurch die Phobien teilweise sehr schnell behandelt werden können.

Dabei wird auch darauf Acht gegeben, dass sich die Veränderungen mit den Werten, Lebensbereichen und mit den sozialen Beziehungen der jeweiligen Patienten bzw. Klienten vertragen.

Beim Coaching hat sich das NLP wiederum in den Bereichen Wirtschaft, Industrie, Verwaltung, sowie in psycho-sozialen Kontexten etabliert. Professionelle Coaches nutzen bei ihren Beratungen NLP-Methoden, um Einzelpersonen, aber auch Gruppen dabei zu helfen, Schwierigkeiten und Probleme zu überwinden.

Es wird ebenfalls dabei geholfen, Planungen und Strategien umzusetzen, damit das Potenzial der Menschen besser zur Entfaltung kommen kann. Hierfür sind klar gesteckte Ziele vonnöten, welche die Basis für geplante Strategien darstellen. Um diese Ziele zu erreichen, werden die nötigen Fähigkeiten vermittelt.

... in der Pädagogik

Im Bereich Training und Unterricht kann das NLP ebenfalls Anwendung finden. Denn hinter dem NLP steht auch das bewusste Verständnis dafür, wie Menschen lernen und neues Wissen integrieren. Daraus entstanden Strategien für Lehrende und Lernende.

Daher können sich Trainer, Lehrer und Eltern Methoden und NLP-Strategien aneignen, die letzten Endes den Schülern dabei helfen, bessere Leistungen zu erzielen. Einige Lehrer haben Grundelemente des NLP bereits in ihren Unterricht integriert, beispielsweise, auch wenn es um das Thema Klassenführung geht.

Auch andere Menschen in ähnlichen Bereichen können vom NLP profitieren, beispielsweise Berater, Pädagogen, Erzieher oder Pfarrer.

... im Gesundheitswesen

NLP hat sich dabei auch für Mediziner, für Pflegepersonal, allgemein für Menschen, die an Gesundheit und Wohlbefinden interessiert sind, als wertvoll erwiesen. Schließlich handelt es sich beim Sektor Gesundheit um eine Branche, die heutzutage mehr benötigt als medizinische und pflegerische Fähigkeiten.

Es geht um soziale Kompetenz, um Flexibilität und um Fähigkeiten in den Bereichen Verhandlung, Business-Management und Konfliktlösung. Diese Bereiche werden von NLP bekanntlich abgedeckt. Natürlich steht auch in dieser Branche wieder die Kommunikation im Vordergrund, schließlich müssen die Helfer in eine gelungene Kommunikation mit den Patienten treten.

Auch die soziale Atmosphäre in Praxen und Krankenhäusern wirkt sich schließlich auf die Patienten aus und beeinflusst deren Genesung. NLP trägt daher zu einer kooperativen und harmonischen Beziehung zwischen Arzt und Patient bei und führt zu einer klaren Kommunikation, welche der Gesundheit dient und nur förderlich sein kann.

Weiterhin ging es bei der NLP-Forschung im Zusammenhang mit dem Thema Gesundheit in den letzten Jahren unter anderem darum, wie persönliche Gesundheit erlangt werden, wie Stress reduziert werden kann oder wie beispielsweise die ureigenen Heilkräfte des Körpers aktiviert werden können. Letzten Endes wurde auch untersucht, wie sich das Verhältnis zwischen der Gesundheit und den Überzeugungen und Einstellungen des Menschen gestaltet.

Schließlich gibt es Unterschiede in puncto

Einstellung zwischen kranken Menschen, die sich erholen und kranken Menschen, die krank bleiben. Auch in dieser Hinsicht hat NLP also Relevanz bewiesen.

... in der Wirtschaft (z. B. im Management, im Personalwesen, im Verkauf, in der Beratung, im Rahmen von Trainings, in der Personalentwicklung und bei Unternehmensfunktionen)

Wenn es um zwischenmenschliche Kommunikation, um das Herstellen vertrauensvoller Beziehungen (Rapport), oder auch um die Präzisierung von Zielen in verschiedenen Kontexten geht, macht es natürlich Sinn, NLP in der Wirtschaft bzw. Geschäftswelt anzuwenden.

Dort hat sich das NLP bereits bewährt und befindet sich daher auch im Repertoire vieler Unternehmenstrainer und damit auch vieler Geschäftsleute. Schließlich ist es in der Geschäftswelt besonders wichtig und auch erforderlich, mit Menschen umzugehen, welche die Welt anders wahrnehmen und die eventuell auch über verschiedene kulturelle Hintergründe verfügen.

Dabei kann es sich um Kollegen, Vorgesetzte, Kunden und Geschäftspartner handeln. Es lohnt sich, bestehende Beziehungen zu verbessern. In puncto Kommunikation ist die Geschäftswelt natürlich auch sehr wichtig und relevant, denn hier ist es mittlerweile normal und gefragt, Präsentationen zu halten und rhetorisch zu überzeugen.

Berater und Führungspersönlichkeiten setzen NLP in Unternehmen ein, um Unternehmen weiterzuentwickeln, um zu einem erfolgreichen Teambuilding beizutragen, um Zukunftsstrategien im Zusammenhang mit Qualitätsmanagement zu entwerfen. Auch in Verhandlungstrainings sind NLP-Fertigkeiten und Bausteine gefragt.

... bei der Entwicklung von Kreativität im Schreiben, in den darstellenden und bildenden Künsten

Zahlreiche Künstler, Schriftsteller und Interpreten haben das NLP-Training bzw. Coaching als hilfreich empfunden, da Einsichten vermittelt werden, die das Verständnis nahebringen, wie und wodurch ein kreativer Geist behindert wird und was ihn wiederum fördert. Besonders durch die NLP-Strategie von Robert Dilts aus den USA, welche Disney-Strategie genannt wird, kann Kreativität freigesetzt und angeregt werden, welche beispielsweise durch bestimmte Erziehungsprozesse überformt wurde.

... in der Erziehung

Die Fertigkeiten und Prinzipien des NLP können eine produktive Kommunikation zwischen Eltern und Kind fördern. Das ist durch eine klare Kommunikation möglich, indem Kinder verstanden werden und indem auf das, was sie sagen, auch angemessen reagiert wird. Es geht dabei um die Art und Weise der Formulierung. Aussagen wie *„klecker nicht!“* können erst recht dazu führen, dass das Kind kleckern wird.

Wird die Nachricht mit einem drohenden Tonfall kommuniziert, ist Angst die Folge und das zu vermeidende Ereignis tritt erst recht ein. Der Satz *„Mach dir keine Sorgen!“* kann ebenfalls dafür sorgen, dass sich ein Kind erst recht Sorgen macht.

In diesem Zusammenhang sind positive Aussagen wie *„alles ist in Ordnung“* zielführender. Im Falle des Kleckerns würde ein *„sei achtsam“* Sinn machen. Eltern, welche NLP verinnerlicht haben, können ihren Kindern gute Gewohnheiten vermitteln, gerade, wenn es um gelungene Kommunikation geht. Werkzeuge zum Lernen und die Entwicklung eines gesunden Selbstwertgefühls schwingen dabei ebenfalls mit. Außerdem lernt man beim NLP das Visualisieren bzw. verbessert seine Fähigkeiten in diesem Zusammenhang. Auch das kann für Kinder von Vorteil sein.

Die Säulen des NLP

Bei NLP geht es grundsätzlich um vier Dinge, vier Elemente, die man auch **die vier Säulen des NLP** nennt.

Säule 1: Rapport

Beim NLP geht es vor allem um die Bezic hung zu sich selbst und die Beziehung zu anderen. Dieses „*Geschenk*" erhalten NLP-Teilnehmer, wenn sie sich für das Neuro-Linguistische Programmieren öffnen.

Säule 2: Sensorische Wahrnehmung

In puncto Wahrnehmung wirst du lernen, deine Sinne gezielt wahrzunehmen und auch einzusetzen, indem du die Welt mit deinen fünf Sinnen erforschst.

Die Farben, Geräusche und Gerüche in der Wohnung eines Freundes werden sich mit denen in deiner Wohnung unterscheiden und wenn es sich auch nur um subtile Noten und Unterschiede handelt. Die Welt wird reicher, wenn man sie mit seinen Sinnen wahrnimmt und entdeckt. Dies wirst du mithilfe von NLP lernen.

Säule 3: Zielgerichtetes Denken

Statt in einer negativen Problemhaltung zu verharren, geht es beim NLP darum, zielgerichtet zu denken und schließlich auch so zu handeln. Es geht darum, darüber nachzudenken, was man eigentlich will, um für sich die besten Entscheidungen zu treffen und um sinnvolle Alternativen zu wählen.

Säule 4: Flexibilität des Verhaltens

Zielgerichtetes Denken und Handeln ist

wichtig, doch nicht immer funktioniert im Leben alles so, wie man es sich vorstellt und wie man es sich ausgemalt hat. Daher ist es wichtig, über eine gewisse Verhaltensflexibilität zu verfügen. Flexibilität ist der Schlüssel zu NLP.

Wirkung und Zweck von NLP

Das NLP kann verschiedene Zwecke haben und verschiedene Ziele verfolgen. Das sind Beispiele in Bezug auf Ziele und Zwecke des NLP, die erreicht werden können:

Es kann die soziale, emotionale und kommunikative Kompetenz eines jeden Einzelnen gefördert und verbessert werden.

Die kognitive Leistungsfähigkeit steigt.

Die Entfaltung der eigenen, individuellen Persönlichkeit wird unterstützt und gefördert.

Die Selbstwirksamkeit wird erweitert.

Es ist möglich, sich die eigene Identität

bewusst bzw. bewusster zu machen.

Persönliche Freiheit kann besser und intensiver erlebt werden.

Zusätzlich gibt es Ziele und Zwecke mit Innenwirkung. Zu diesen zählen:

Die Bewusstmachung und Bewusstwerdung von inneren Prozessen

Die bewusste und gezielte Steuerung des eigenen Verhaltens

Die Steigerung und Verbesserung von emotionaler Kompetenz

Selbst-Coaching bzw. Self-Management

Arbeit mit Zielen und Visionen

Motivationstraining

Die Aktivierung von eigenen, evtl. verborgenen Ressourcen

Die Entwicklung der eigenen Persönlichkeit

Mentales Training

Das Überwinden von eigenen Grenzen

Das Lösen von teils hartnäckigen Denkblockaden

Ziele und Zwecke des NLP mit Außenwirkung sind hingegen:

Kommunikationstraining

Die Entwicklung von verschiedenen Strategien

Das Lösen von verschiedenen Konflikten,

Schulungen in Bezug auf die eigene

Wahrnehmung

Das Erlernen von sicherem Auftreten

Informationen und Tipps rund um das Thema positive Ausstrahlung

Die Verwirklichung eigener Ziele

Die Erhöhung von Selbstsicherheit

Werkzeuge & Techniken des NLP

Im und innerhalb des NLP gibt es diverse Techniken, die erlernt und angewandt werden können. Dazu zählen das Six-Step-Reframing, Fast-Phobia, das Milton-Modell, Ankern, die Smart-Methode, Time-Line, Teile-Verhandeln, Wahrnehmungsmethoden 1-2-3, das Meta-Modell, Rapport, die Swish-Technik oder Repräsentationssysteme.

Die 14 typischen NLP-Techniken werden im Folgenden kurz vorgestellt. Manche bewährte- und berühmte Techniken werden dabei etwas ausführlicher behandelt, wie beispielsweise das Ankern.

Wer genau wissen will, wie die einzelnen

Techniken funktionieren, sollte sich um weiterführende Literatur bemühen.

Rapport:

dieser Begriff tauchte im Rahmen der Ausführungen ja bislang schon auf. Darunter versteht man bekanntlich das Phänomen, welches auftauchen kann, wenn zwei Menschen aufeinandertreffen. Sie passen dann ihr Ausdrucksverhalten bewusst oder unbewusst aneinander an.

Je positiver sie gegenüber dem anderen stehen, desto mehr werden sie ihre Haltung aneinander anpassen. Dieser Effekt kann umgekehrt genutzt werden, indem ein solcher Rapport (eine positive zwischenmenschliche Beziehung) von Beginn an benutzt wird, indem man sein Gegenüber spiegelt.

Ankern:

Eine bekannte Technik des NLP nennt sich "*Ankern*". Ankern nutzt die Tatsache, dass Sinneseindrücke bei Menschen häufig Gefühle, Gedanken und Reaktionen auslösen, ohne dass wir uns darüber bewusst sind bzw. ohne, dass wir dies aktiv steuern können. Hören Sie beispielsweise irgendwo das Wort "*Waterloo*", müssen Sie unweigerlich an den gleichnamigen ABBA-Song denken und singen ihn vielleicht schon in Ihren Gedanken.

Zimt assoziieren wir beispielsweise sofort mit Weihnachten. Diese Assoziationen laufen wie Reflexe ab und betreffen theoretisch alle fünf Sinne des Menschen. Bei diesen Beispielen waren der Hörsinn und der Geschmackssinn betroffen und im Vordergrund.

Im NLP wird dieses Phänomen aktiv und

bewusst genutzt, um einen gewünschten Gefühlszustand quasi auf Knopfdruck zu erzeugen. Solche Auslöser werden laut NLP “*Anker*“ genannt.

Hierbei kann es sich um eine Geste, um eine Berührung, aber auch um ein Bild, einen Ton oder auch um einen Geruch handeln. Grundsätzlich ist es möglich, dass jegliche Sinneseindrücke als Anker fungieren.

Das Ankern läuft laut NLP nach den folgenden fünf Schritten ab:

1. Schritt:

Entspannung: Zunächst ist es erforderlich, dass Sie sich einen ruhigen Platz suchen und Sie sich entspannen. Atmen Sie mehrmals tief durch, schließen Sie die Augen und überlegen Sie sich im ersten

Schritt, welches Gefühl Sie überhaupt ankern möchten.

Es kann sich beispielsweise um das Gefühl “*Freude*“ oder “*Liebe*“ handeln. Dafür müssen Sie an eine Situation in Ihrem Leben denken, in der Sie das bestimmte Gefühl bewusst, klar und deutlich gespürt haben.

2. Schritt:

Gefühl aufleben lassen: nachdem Sie sich für das Gefühl entschieden haben und dieses Gefühl auch mit einer bestimmten Situation in Ihrem Leben verbunden haben, geht es nun darum, das Gefühl aufleben zu lassen, es quasi “*zurückzuholen*“. Die folgenden Fragen können Sie in Gedanken beantworten, um diesen Schritt erfolgreich durchzuführen:

Um welche Situation handelt es sich? Wo waren Sie? Was war geschehen? Wer war dabei?

Was haben Sie damals gesehen, als Sie das bestimmte Gefühl gespürt haben?

Was haben Sie gehört?

Was haben Sie in diesem Augenblick, in diesem Moment gedacht?

Wo genau haben Sie dieses bestimmte Gefühl in Ihrem Körper gespürt und wahrgenommen?

Wie bzw. Inwiefern spüren Sie dieses Gefühl? Ist es Ihnen warm oder kalt? Pulsiert dieses Gefühl, ist es stetig, ist es fließend?

Wenn Sie diesem Gefühl einen Namen geben müssten, wie würden Sie es nennen?

3. Schritt:

Verstärkung: Es geht nun darum, dieses Gefühl zu genießen und noch bei diesem Gefühl zu bleiben. Wenn möglich, intensivieren Sie dieses Gefühl noch.

4. Schritt:

Anker auslösen: Sobald Sie das Gefühl haben, das Gefühl ist jetzt am stärksten, sollten Sie den Anker auslösen. Dafür müssen Sie das Gefühl mit einer Geste verbinden. Sie können beispielsweise Ihren Arm oder Ihr Bein an einer bestimmten Stelle berühren.

Es ist wichtig, eindeutige Gesten zu machen. Auch ist es möglich, in diesem Moment beispielsweise ein bestimmtes Wort zu sagen. Wichtig ist es, dass der Anker eindeutig und unverwechselbar ist. Es sollte sich um eine leicht durchführbare und dennoch unverwechselbare Geste handeln.

Heißt: bestenfalls keine Bewegung oder Aktion, die Sie im Alltag ohnehin oft, wenn auch unterbewusst, durchführen.

5. Schritt:

Anker testen: Nun geht es darum, den gerade gesetzten Anker zu testen. Zunächst sollten Sie an etwas anderes denken, um sich vom geankerten Gefühlszustand zu lösen. Lösen Sie dann den Anker aus, indem Sie ihre geankerte Aktion bzw. Geste ausüben.

Sollte der geankerte Gefühlszustand schließlich auch zurückkommen und gespürt werden, hat das Ankern funktioniert. Sollte dem nicht so sein, kehren Sie zu Punkt 2 zurück und versuchen Sie erneut, den gewünschten Gefühlszustand zu ankern.

Beispiel:
Sie könnten an das Gefühl Selbstbewusstsein denken und dieses verankern wollen. Dafür müssen Sie an das Gefühl Selbstbewusstsein denken und dieses stark in Ihnen spüren. Dafür können Sie an Erfolge in Ihrem Leben zurückdenken.

Es kann sich um Momente handeln, in denen Sie sich gut gefühlt haben und die Sie mit Stolz erfüllt haben. Wenn dieses Gefühl in Ihnen am intensivsten ist, könnten Sie sich beispielsweise am Ohrläppchen berühren, um das Gefühl von Selbstbewusstsein so zu ankern.

Manchmal funktioniert dieser Prozess schon beim ersten Mal. Sollten Sie allerdings mehrmals ankern müssen, um erfolgreich zu sein, ist das auch nicht verwunderlich. Schließlich lernen Menschen durch Wiederholungen.

Zusammengefasst kann das Ankern im NLP also durch die folgenden Schritte erlernt werden:

Den inneren gewünschten Gefühlszustand erzeugen. (1)

Den Anker auslösen, wenn das Gefühl am stärksten ist. (2)

Wiederholen, bis der Anker den Gefühlszustand auslöst. (3)

Repräsentationssysteme:

Wie ebenfalls bereits thematisiert wurde, nehmen Menschen ihre Welt mit den fünf Sinnen wahr. Dabei setzt jeder Mensch allerdings für sich einen anderen Schwerpunkt. Um seinen Schwerpunkt herauszufinden, kann man sich die Frage beantworten, welcher Sinn bei einem selbst besonders dominant ist.

Visuell geprägte Menschen benutzen häufig folgende Redewendungen: *"Können Sie mir noch andere Häuser zeigen? - Ich will mir noch mehr Angebote anschauen. - Ich tappe im Dunkeln. - Ich kann das nicht länger mit ansehen."*

Während **auditive Menschen** hingegen eher so klingen: *"Erzählen Sie mir mehr darüber. Ich habe schon viel Gutes darüber gehört. - Das klingt sehr gut. - Ich will mir Gehör verschaffen."*

Kinästhetische Menschen drücken sich häufiger wie folgt aus: *"Ich will mich nicht in diese Sache hineinstürzen." - "Ich habe* *ein gutes Gefühl bei dieser Sache.“ - “Der Termindruck ist unerträglich. Die Verantwortung lastet auf mir.“*

Olfaktorische Redewendungen sind beispielsweise: *“Ich kann dich nicht riechen.“ – “Steck deine Nase nicht überall hinein.“*

Gustatorische letztlich: *“Ich habe die Schnauze voll.“ - “Das Wasser läuft mir im Mund zusammen.“*

Six-Step-Reframing:

Dabei handelt es sich um ein bekanntes Interventionsmodell des NLP. In einem 6-Schritte-Programm können unerwünschte Verhaltensweisen verändert werden. Dies wird gewährleistet, indem bessere Alternativen verfügbar werden.

Swish-Technik:

Bei der Swish-Technik geht es darum, negative Gewohnheiten zu verändern. Außerdem geht es darum, eine starke positive Motivation aufzubauen.

Es geht darum, ein Zielbild, das statt der schlechten Gewohnheit gesetzt wird, größer und heller werden zu lassen und es gleichzeitig auch näher kommen zu lassen, während man das unerwünschte Bild kleiner und dunkler werden lässt und es sich entfernt. Diesen Vorgang nennt man "*Swish*". Er sollte mehrmals wiederholt werden, bis sich die Technik manifestieren kann.

Fast-Phobia:

Hier geht es darum, Phobien in kürzester Zeit zu besiegen. Dies läuft so ab, indem man sich phobische Situationen, also Situationen, in denen man panisch reagiert und Angst verspürt, als Schwarz-Weiß-Film vorstellt.

In einem nächsten Schritt werden die Klienten gebeten, diesen Film, also ihr Phobie, bunt abspielen zu lassen – allerdings anti-chronologisch, also rückwärts. Durch eine mehrmalige Anwendung soll sich die Phobie schließlich auflösen.

Milton-Modell:

Durch unspezifische Sprachmuster sollen Klienten in einen Zustand geführt werden, der einer Trance gleicht. So soll dafür gesorgt werden, dass der Klient Zugang zu seinen unterbewussten Ressourcen erhält.

Hier werden dem Klienten allgemeine Aussagen suggeriert, die er schließlich für sich beantworten soll. Es geht also darum,

Freiräume zu schaffen, die der Klient zur Selbstfindung nutzen soll.

Meta-Modell:

Das Meta-Modell ist eine NLP-Technik, die als Kontrast zum Milton-Modell gesehen werden kann. Hierbei geht es folglich darum, Sprachmuster zu identifizieren, welche die Bedeutung von Mitteilungen verzerren.

Das Ziel ist es hierbei also, klar identifizieren zu können, um Bewusstseinsinhalte abzurufen, die verloren gegangen sind.

SMART-Methode:

Bei dieser Methode geht es darum, seine Ziele in einer ganz bestimmten Manier, in einer vorgegebenen Art zu formulieren. Auf diese Weise sollen sie realisierbarer sein.

SMART ist dabei der Name der Methode und fungiert als Abkürzung für spezifisch, messbar, attraktiv, realistisch und terminiert - denn so sollen die Ziele formuliert und damit schließlich besser erreicht werden.

Strategien:

Es gibt verschiedene Strategien, sogenannte Bewusstseinspläne, anhand derer sich Verhalten planen und organisieren lässt. Gedanken werden damit ebenfalls organisiert und so können Aufgaben bewältigt werden.

Es gibt in diesem Zusammenhang verschiedene Strategien. Als Beispiel kann die Walt-Disney-Strategie genannt werden, die vom gleichnamigen Walt Disney stammt. Sie sieht vor, dass man sich drei Ecken im Raum sucht und diese gedanklich unterteilt. In einer Ecke fungiert man als kreativer Träumer, der sich in Zeiten oder Menschen versetzt, die einem ein kreatives Gefühl verleihen.

In der zweiten Ecke, in der Ecke des realistischen Planers, geht es nun darum, sich in die Lage zu versetzen, als man etwas gut und realistisch organisierte oder sich Menschen vorzustellen, die darin sehr gut sind. Hat man diesen Zustand erreicht, geht es nun darum, die kreativen Ideen aus der ersten Ecke zu planen.

In Ecke 3 ist man nun konstruktiver Kritiker, versetzt sich dafür wieder in die entsprechende Lage und hinterfragt so die geplanten Ideen.

Time-Line:

Um seine Ziele besser zu planen, wird die

eigene Zeit durch ein visuelles Sinnbild kodiert. Dabei wird man sich unter anderem darüber bewusst, wie sich vergangene, gegenwärtige und künftige Eindrücke für einen selbst anfühlen, wie sie sich unterscheiden und welche Rolle die eigenen Sinne dabei spielen.

Wahrnehmungspositionen 1-2-3:

Hier geht es darum, sein eigenes Verhalten anzupassen, zu verbessern und gleichzeitig kann diese Technik auch dazu dienen, seine kommunikativen Fähigkeiten zu verschärfen und zu verbessern.

Dabei versucht man, Situationen aus verschiedenen und unterschiedlichen Perspektiven zu beurteilen und wahrzunehmen. Neben der Ich-Perspektive und der Du-Perspektive ist hier die Wahrnehmung aus der Meta-Perspektive relevant.

Teile-Verhandeln:

In Menschen gibt es verschiedene Stimmen, verschiedene Bedürfnisse und verschiedene "*Teile*", die sich für verschiedene Ziele einsetzen. Die Kunst als Mensch ist es, all die vorhandenen Reize und Teile in einem selbst zusammenzubringen.

Dieses Vorhaben verfolgt das Teile-Verhandeln. Hier erfolgt zunächst eine Dissoziation und all die verschiedenen "*Teile*" werden separat und mit ihren jeweiligen positiven Absichten betrachtet, ehe die verschiedenen Teile im folgenden Schritt miteinander kommunizieren. Dann versucht man herauszufinden, worin die gemeinsame höhere Absicht besteht, ehe die Verhandlung über ein neues Verhalten geführt wird.

Neurologische Ebenen:

Es gibt verschiedene neurologische Ebenen, nämlich Umwelt, Verhalten, Fähigkeiten, Glaube/Werte und Identität. Nun geht es darum, Probleme und Ziele auf einer jeweiligen Ebene einzuordnen, um diese im nächsten Schritt beseitigen oder eben erreichen zu können.

Affirmationen

Unter einer Affirmation versteht man eine bejahende und positiv wertende Verwendung eines Wortes, eines Begriffes oder gar eines ganzen Satzes. Affirmation stammt aus dem Lateinischen und steht wörtlich für Versicherung, Besteuerung.

Eine der bekanntesten Affirmationen von heute findet sich in der Bibel in Form des Wortes „*Amen*". In der Esoterik sind Affirmationen positiv gesprochene und wiederholte Begriffe oder Sätze, welche im besten Fall positive Auswirkungen auf die physische und psychische Befindlichkeit haben.

Die **visuelle Komponente:** was du siehst, entspricht der Wahrnehmung deiner Realität. Die Bewertung der Realität entspricht der Gestaltung in deinem Kopf.

Um die Realität zu verändern, bietet es sich daher an, wieder Bilder dafür einzusetzen. Dafür kannst du die Affirmation *„ich bin bereits erfolgreich!“* wählen.

Du kannst nun kleine Filme in deinem Kopf konstruieren, in denen du dich als erfolgreich wahrnimmst. Vielleicht neigst du beispielsweise dazu, morgens länger liegenzubleiben und die Wärme deines Betts zu genießen.

Dann könntest du dir vorstellen und ausmalen, wie du aufstehst und Morgengymnastik betreibst. Die Wahrscheinlichkeit ist dann groß, dass du tatsächlich Lust auf Morgengymnastik bekommst und dich dieser hingeben wirst.

Die **auditorische Komponente:** Übungen in Bezug auf den auditiven Kanal können dabei helfen, Veränderungen in die Tat umzusetzen. Beispielsweise könnte man sich zu Beginn eines jeden Morgens vor den Spiegel stellen und einen motivierenden und aufbauenden Satz sagen.

Wichtig ist es dabei natürlich, dass man selbst an den besagten Satz glaubt, damit diese Übung nicht zu einer nervigen Pseudo-Übung wird. Außerdem ist es zudem noch wichtig, wie man etwas sagt und nicht nur, was man sagt. Sagt man sich selbst, dass man den Tag meistern wird, doch die Körpersprache dazu ist nicht stimmig, dann kann diese Übung auch nicht wirken. Daher sollte man auf eine überzeugende Körpersprache achten, die man mit einer motivierenden Ansage verbindet.

Die **kinästhetische Komponente:** die Ansage ist dann gut genug, wenn man selbst von seiner eigenen Ansage eine Gänsehaut bekommt. Denn dann wurde die kinästhetische Komponente aktiviert. Man sieht und hört sein Ziel und seine Motivation nicht nur, man fühlt sie auch.

In die Praxis kann das so überführt werden, indem man bei seinem Handy beispielsweise einen Vibrationsalarm aktiviert, der einen beispielsweise jede drei Stunden daran erinnert, einen motivierenden Satz auszusprechen. So können Affirmationen mit allen Sinnen geschaffen und ausgelebt werden.

Glaubenssätze

Als **Glaubenssatz** bezeichnet man etwas, an das jemand glaubt und das er gleichzeitig für wahr hält. Im NLP ist das ein Ausdruck innerer Modelle, die von Personen fortlaufend entworfen werden und auch entworfen werden müssen, damit sich Menschen innerhalb der Welt orientieren können. Anstatt von Glaubenssätzen könnte man auch von Überzeugungen, Einstellungen oder Meinungen sprechen.

Glaubenssätze sind auch Verallgemeinerungen über die Beziehungen zwischen Erfahrungen. Es können Verallgemeinerungen über Zusammenhänge/Ursachen, Bedeutungen *(Rauchen=Schwäche),* Grenzen *(„das ist unmöglich")* sein.

Diese Verallgemeinerungen können

a) hinsichtlich unserer Umgebung (bei Lärm kann man sich nicht konzentrieren),

b) hinsichtlich spezieller Verhaltensweisen *(„das darf man nicht"),*

c) hinsichtlich Fähigkeiten *(„das werde ich nie lernen"),*

d) hinsichtlich unserer Identität *(„ich bin in meinem Beruf kompetent")* und

e) hinsichtlich Spiritualität *(„das Universum ist ein freundlicher Ort")* getroffen werden.

Damit steuern Glaubenssätze den Fokus unserer Aufmerksamkeit und bestimmten dadurch, welche Informationen wir aufnehmen und wie wir sie gleichzeitig interpretieren. Menschen finden Wege, um Ergebnisse so zu interpretieren, dass sie mit den bestehenden Glaubenssätzen übereinstimmen.

Glauben Menschen also, dass sie etwas wirklich nicht können, werden sie unterbewusst versuchen, Veränderungen zu verhindern. Jeder Mensch besitzt Glaubenssysteme, die eng mit dessen Werten und Kriterien verknüpft sind und die Motivation und Leistungsfähigkeit beeinflussen können. Glaubenssysteme bestehen aus mehreren Glaubenssätzen, die sich gegenseitig stützen und verstärken.

Zudem gibt es verschiedene Arten von Glaubenssätzen:

Zielerwartung (Outcome Expectancy):
Du glaubst daran, dass dein Ziel erreichbar ist. Wenn Menschen etwas nicht als möglich erachten bzw. nicht an etwas glauben, sind sie hoffnungslos. Zum Beispiel geht es auch um den Glauben, sich von einer Krankheit (z. B. Krebs) erholen zu können.

Selbstwirksamkeitserwartung (Self-Efficacy-Expectancy):
In Bezug auf gesundheitliche Aspekte würde sich die Selbstwirksamkeitserwartung insofern äußern, als dass alle nötigen Ressourcen vorhanden gesehen werden, um sich zu erholen. Besteht eine solche Erwartung nicht, ist dies mit Hilflosigkeit,

Hoffnungslosigkeit und Inaktivität gleichzusetzen.

Reaktionserwartung (response expectancy):

Dabei handelt es sich um die Erwartung, inwiefern sich etwas entwickeln wird. *Erwartest du etwas Positives oder etwas Negatives?* Ein populäres Beispiel für eine Reaktionserwartung stellt der Placebo-Effekt dar.

Glaubenssätze treten zudem in bzw. mit verschiedenen Bezügen auf:

Glaubenssätze in Bezug auf Ursachen

Wir haben Glaubenssätze bezüglich Ursachen. *Was verursacht Krebs? Was ist die Ursache für den Erfolg eines Unterneh-*

mens? Was macht mich kreativ oder erfolgreich? Deine Antwort ist zugleich eine Glaubensaussage. *„Ich bin traurig, weil du mich nicht angerufen hast.“* Diese Glaubenssätze sind deskriptive Regeln und Verallgemeinerungen über kausale Beziehungen.

Glaubenssätze in Bezug auf Bedeutungen

Auch in Bezug auf die Bedeutung von bestimmten Dingen haben wir Glaubenssätze. *Was bedeuten Ereignisse? Was ist wichtig, was ist notwendig? „Du siehst mir nicht in die Augen. Das heißt, du lügst mich an“* ist beispielsweise ein Glaubenssatz in Bezug auf eine Bedeutung. Es sind komplexe Äquivalenzen.

Glaubenssätze in Bezug auf die Identität

Hierzu gehören Ursachen, Bedeutung und Grenzen. *Was führt dich dazu, etwas zu tun? Was hat dein Verhalten zu bedeuten? Wo sind deine Grenzen?* Einschränkende Glaubenssätze in Bezug auf die Identität gibt es beispielsweise reichlich. *„Ich bin wertlos", „ich verdiene keinen Erfolg"*, beispielsweise. Dieser Glaubenssätze ist man sich oft nicht bewusst, daher können sie einen auch von Veränderungen abhalten.

Beispiele für negative Glaubenssätze findet man in der Praxis und im Alltag in vielen Gebieten. Wenn es um das Thema Geld geht, lauten negative Glaubenssätze beispielsweise: ich brauche viel Geld, um glücklich zu sein. Reiche Leute kommen durch Betrug zu ihrem Erfolg.

Ohne Geld bin ich nichts wert oder beispielsweise, die anderen Leute gönnen mir meinen Wohlstand nicht und sind pauschal neidisch. Solche Überzeugungen versetzen einen automatisch in negative Gefühlswelten und schaffen Käfige, wo eigentlich gar keine sind.

Positive Glaubenssätze sind auf diesem Gebiet hingegen: *„Ich ziehe Geld an wie ein Magnet“*, *„ich fühle mich reich und erfolgreich, ich bin reich und erfolgreich“* oder auch *„ich verdiene Reichtum und Wohlstand“*. Negative Glaubenssätze sind noch auf vielen weiteren Gebieten und in vielen Zusammenhängen zu bemerken.

Im Bereich *„Selbstwert“* sind hier beispielsweise *„Ich bin ein Versager und Taugenichts“*, *„Alle anderen sind besser und erreichen mehr als ich“*, *„ich bin unwichtig“*, *„ich schaffe das nicht“* oder auch *„bei Fehlern oder Scheitern werde ich abgelehnt oder nicht geliebt“* zu nennen.

Die positiven Glaubenssätze wären hier hingegen *„ich akzeptiere mich so, wie ich bin“*, *„ich bin dankbar für das, was ich habe“*, *„ich bin ein wunderbarer Mensch“*, *„meine Meinung zählt“* oder *„ich bin glücklich so, wie ich bin“*.

Häufige positive und negative Glaubenssätze sind beispielsweise auch in den Bereichen Abnehmen *(„Abnehmen ist viel zu schwer“* vs. *„gesund leben macht Spaß“)*, Liebe *(„ich bin liebenswert“ vs. „niemand liebt mich“)*, Gesundheit *(„ich habe die Gesundheit in meiner eigenen Hand“ vs. „mir ist nicht mehr zu helfen“)* oder Beziehungen *(„meine Beziehungen bestehen aus Liebe und Zuneigung“* vs. *„ich bin beziehungsunfähig“)* zu finden.

Neben diesen positiven und negativen Glaubenssätzen gibt es häufig auch eine Reihe von einschränkenden Glaubenssätzen, die aber durch Beispiele aus der Praxis zu entkräften sind.

Dem Glaubenssatz *„ich bin zu jung“* kann man beispielsweise Boris Becker entgegenstellen, denn dieser gewann schon im Alter von 17 Jahren das prestigereichste Tennisturnier der Welt – Wimbledon.

Wenn man also denkt, man sei zu jung, sollte man sich daran erinnern und sich fragen, ob man wirklich zu jung ist, oder ob es sich nur um eine Entschuldigung handelt, es erst gar nicht zu versuchen. Ebenso verhält es sich mit dem einschränkenden Glaubenssatz *„ich bin zu alt“*. Goethe war 80 Jahre alt, als er *„Faust“* schrieb.

Wer mit seiner mangelnden Ausbildung hadert, der sollte sich vor Augen führen, dass 80 % aller erfolgreichen Unternehmer weder Ausbildung, noch Abitur haben und auch Prominente und Entdecker wie Albert Einstein keinen Abitur-Abschluss vorzuweisen haben.

„Ich habe nicht genug Geld“. Der US-amerikanische Unternehmer Andrew Carnegie (Stahlbranche) startete als Fabrikarbeiter und verdiente pro Woche umgerechnet etwa sieben Euro. Zum Ende seines Lebens spendete er knapp 5 Milliarden US-Dollar.

Ist die Ausrede *„mir fehlt die Fähigkeit?“* Das hätte sich auch Robert W. Woodruff denken können, der aufgrund einer Dyslexie nicht richtig lesen konnte. Doch er dachte es sich nicht, sondern schuf als Unternehmer von Coca-Cola dennoch eines der erfolgreichsten Unternehmen der Geschichte.

Auch der Glaubenssatz *„ich stamme aus einfachen Verhältnissen“* ist nicht zugleich eine Begründung, warum es nichts mit dem Erfolg werden sollte. Aus solchen einfachen Verhältnissen stammt nämlich auch ein gewisser Arnold Schwarzenegger, der dennoch zum erfolgreichsten Bodybuilder, zu einem Politiker und Hollywood-Star avancierte.

Auch *körperliche Beeinträchtigungen* sind oft Teil von Ausreden und einschränkenden Glaubenssätzen. Als Gegenbeispiele fungieren Sylvester Stallone, der aus seinem gelähmten Augenlid und einer langsamen Sprechweise Kapital schlug und ein gefeierter Schauspieler wurde.

Stevie Wonder ist blind, was ihn aber nicht davon abhielt, renommierter Sänger zu werden. Der Redner Demosthenes stotterte und schuf sich als Redner dennoch einen Ruf. Vermeintliche Schwächen gab es also schon in der Antike. Doch schon damals verstand man es, daraus etwas zu machen.

Übungen, um Verhaltensänderungen herbeizuführen

Mit dem Anker-Beispiel wurde eine Übung und eine Trainingsmethode des NLP ja bereits vorgestellt. Natürlich gibt es in der Praxis zahlreiche Übungen und Methoden, die ausprobiert werden können. In diesem Kapitel sollen exemplarisch drei Übungen vorgestellt und beschrieben werden, die für NLP charakteristisch sind und daher nützlich sein können.

Beispiel 1: Wahrnehmung schärfen

Die fünf Sinne spielen innerhalb des NLP eine tragende Rolle. Deshalb kann man im Alltag versuchen, diese Sinne für die eigene Wahrnehmung zu nutzen, um seine

Wahrnehmung gleichzeitig zu schärfen. Je mehr man wahrnimmt, und zwar mit allen fünf Sinnen, desto besser und zutreffender werden die eigenen Einschätzungen.

Man kann zunächst versuchen, ohne Bewertung durch die Welt zu gehen und sein Haus bzw. seine Wohnung *„mit allen Sinnen"* verlassen. Im Anschluss nicht man nicht nur die Farbe der Pflanze wahr, sondern beispielsweise auch deren Form, die Farbe, den aktuellen Moment.

Man nimmt die Pflanze im Zuge des aufbrausenden Windes war. Je mehr Sinne miteinbezogen werden, desto besser. Während der Kommunikation mit anderen Menschen kann man auf Dinge achten, auf die man sonst nicht achtet.

Wie sieht die Beinstellung des anderen Menschen aus? Trägt er auffällige Acces-

soires, die sonst nicht getragen werden? Verschränkt er oder sie die Hände? Was offenbart seine bzw. Ihre Körperhaltung?

Schnell wird man feststellen, dass man häufig mehr bewertet und interpretiert, als man eigentlich wahrnimmt. Daher ist es auch nicht so einfach, auf Anhieb weniger zu bewerten. Mit einer geschärften Wahrnehmung wird allerdings alles klarer aufgenommen und Situationen lassen sich besser einschätzen.

Beispiel 2: Die Kongruenz

Die Übereinstimmung spielt im Rahmen des NLP eine nicht unwichtige Rolle, wie bereits thematisiert wurde. Kongruenz ist eine Art der authentischen Kommunikation innerhalb des NLP und schließt Körpersprache, Betonung und Worte mit ein. Verhalten sollte erkannt und nachgeahmt werden. Bekanntlich kann so der bereits beschriebene Rapport entstehen.

Bei einem Gespräch mit einer anderen Person sollte man auf das gesprochene Wort und den Tonfall achten. So wird man feststellen, ob etwas ernst gemeint war, oder nicht. *Gleichzeitig lachen und trotzdem über Schmerzen klagen?*

Das passt zum Beispiel nicht zusammen. Daher ist es wichtig, die Übereinstimmung (Kongruenz) in anderen Menschen zu entdecken, um sie im nächsten Schritt bei sich selbst zu suchen. So wird man in der Lage sein, Verhaltensmuster, Körperbewegungen oder den Tonfall nachzuahmen, um die Kommunikation mit seinem Gegenüber zu verändern und zu verbessern.

Wer sich selbst kennt, verbiegt sich später nicht. Um sich natürlich an die Körpersprache eines anderen anzupassen, ist es förderlich, seine eigene Körpersprache gut zu kennen.

Beispiel 3: Mit dem Ende beginnen - die Beerdigung

Es mag ein etwas befremdliches Beispiel sein und doch wird es helfen, um sich einige Dinge bewusst und bewusster zu machen. In diesem Gedankenbeispiel besuchst du deine eigene Beerdigung. Vier verschiedene Personen sprechen auf deiner Beerdigung, die man in seinen Gedanken betrachtet.

Zu Beginn ein sehr enges Familienmitglied, dann ein enger Freund, gefolgt von einem langjährigen Kollegen bzw. Chef und zum Schluss eine Person aus der Nachbarschaft oder aus einem sozialen Teil deines Lebens.

Die übergeordnete Frage dabei: *Was sollen diese Menschen über einen selbst sagen? Was möchte man von diesen Personen hören? Welche Rolle hast du eingenommen, welche Eigenschaften sollen an einem selbst geschätzt werden?*

Nachdem diese Fragen beantwortet wurden, sollte man sich die Gegenfrage stellen: *würden die Personen zum jetzigen Zeitpunkt dieselbe Meinung von dir haben und dasselbe über dich sagen? Wie möchte man in Erinnerung gehalten werden?*

Spiele die Perspektiven der beteiligten Personen durch und überlege, was fehlt und wie der Weg verlaufen muss, damit die jetzigen Aussagen und die gewünschten Aussagen in der Zukunft eins werden. Viele Menschen beginnen einen Weg, ohne ihr Ziel zu kennen. Durch dieses Beispiel wird man sich seinen Zielen schnell bewusst und kann damit beginnen, den Weg zu gehen. Wo will ich hin ist somit die erste Frage.

Die zweite Frage ist: *Wo stehe ich jetzt gerade?* Diese Vorgehensweise kann verschiedene Vorteile haben. Vergleichbar ist das mit dem eigenen Hausbau. Liegen konkrete Pläne vor, wie das Haus am Ende aussehen soll, erleichtert das den Bau und wird zwangsläufig dazu führen, dass die Anzahl der Korrekturen begrenzt und im Rahmen gehalten wird.

Neuroassoziative Konditionierung

Das Konzept der neuroassoziativen Konditionierung geht auf **Tony Robbins** zurück und basiert auf der bereits vorgestellten und dargestellten NLP. Bei dieser neuroassoziativen Konditionierung geht es darum, Glaubenssätze in sechs Schritten zu beschreiben und diese gleichzeitig auch in sechs Schritten zu verändern.

Das Nervensystem soll darauf konditioniert werden, bei einem gewünschten und neuen Verhalten Freude zu empfinden. Ein Handeln nach dem alten Verhaltensmuster soll hingegen schmerzhaft wirken und deshalb auch nicht mehr gewählt werden. Zusammengefasst geht es also darum, neue Emotionen zu wecken, um so handeln zu können, wie man es auch eigentlich möchte. Im Folgenden werden die sechs Schritte vorgestellt:

Schritt 1:

Das Ziel, welches erreicht werden soll, muss man sich vor Augen führen. Im Moment wird es so sein, dass es etwas gibt, dass einen von diesem Ziel abbringt. Noch ist es nicht relevant, einen Glaubenssatz zu formulieren.

Es ist zunächst wichtig, ein positives Ziel zu formulieren und gleichzeitig die Hindernisse zu benennen, die einen davon abhalten. Der Gedanke an die Veränderung ist dabei oft schmerzhafter als der Gedanke, alles beim Alten zu belassen.

Schritt 2:

Aufgrund dieser Tatsache, dass der Gedanke an die Veränderung häufig eben so schmerzhaft ist, wird es nun Zeit, den Gedanken daran, dass sich nichts ändern wird, in seiner Wahrnehmung noch schmerzhafter werden zu lassen. Wird das Verhalten der Konstanz nämlich als noch schmerzhafter empfunden, wird eine Veränderung leichter, schneller, vielleicht schon automatisch geschehen.

Es müssen negative Assoziationen mit der Nicht-Veränderung verknüpft werden, indem an Worst-Case-Szenarien gedacht wird, die allerdings realistisch und nicht unwahrscheinlich sind. Es muss einem also bewusstwerden, was passiert, wenn Verhalten und Glaubenssatz nicht verändert werden. So steigt die Motivation, um der Situation zu entkommen.

Schritt 3:

Nun geht es darum, das Verhalten wirklich zu verändern. Wenn man merkt, dass die alte Verhaltensweise davor ist, zu übernehmen, muss man es unterbrechen, indem man eine möglichst absurde Ersatzhandlung ausübt.

Je absurder diese Handlung, desto besser wird die Funktion sein. Automatismen können nur dann wirken, wenn sie in einer gewohnten Umgebung wirken können. Durch die absurde Handlung wird diese gewohnte Umgebung allerdings zerstört. Dadurch wird das Gehirn in eine neue Situation gebracht. Egal was man tut, die Ersatzhandlung sollte nicht der bisherigen Norm entsprechen.

Schritt 4:

Im folgenden Schritt geht es dann darum, eine alternative Handlung zu bestimmen. Damit das Verhalten in den positiven Ablauf integriert werden kann, sollten positive Emotionen damit assoziiert werden.

Dann wird das alte Verhalten überschrieben.

Möchte man beispielsweise mehr an andere Menschen delegieren, dann könnte man, sobald man kurz davor ist, die Aufgabe wieder einmal selbst zu übernehmen, einen Handstand ausführen, um die Norm zu durchbrechen. In diesem Schritt wäre es nun angebracht, eine Mail an den Manager zu schreiben, der die Aufgabe tatsächlich delegiert, während man ein warmes Getränk genießt, sodass die eigentlich ungeliebte Aufgabe der Delegation positiv verankert wird.

Schritt 5:

Es benötigt Energie, dieses Verhalten aufrechtzuerhalten. Damit das Verhalten nachhaltig und automatisch wird, sind regelmäßige Konditionierungen wichtig. Belohnungen sind in diesem Zusammenhang wichtig, wie das angesprochene Heißgetränk beispielsweise.

Natürlich ist es individuell abhängig, welche Belohnung wirkt und sich daher anbietet. Wichtig ist es, dass die Belohnung unmittelbar auf das Verhalten folgt, damit eine Verknüpfung hergestellt werden kann. Natürlich sollte die Belohnung maßvoll sein und keine neuen Probleme verursachen.

Schritt 6:

Um nicht wieder in ein altes Muster zu verfallen, wird im letzten Schritt die Effektivität getestet. Zunächst muss man sich dafür veranschaulichen, wie das Resultat im Worst-Case-Szenario ausgehen hätte.

Nun muss man sich vorstellen, wie sich

dieses Worst-Case-Szenario mit dem neuen Verhalten, das erlernt wurde, verändern würde. Werden positive Emotionen ausgelöst und ist alles nach wie vor mit deinen Werten zu vereinen, dann hat die Methode Erfolg gehabt. Ist dies nicht der Fall, müssen noch intensivere Emotionen geschaffen werden.

Neu-Programmierung durch NLP

In diesem Bonus-Kapitel werden wir uns ganz näher anschauen, wie man mithilfe von NLP schlechte Gewohnheiten durch gute Gewohnheiten ersetzen kann. Hierfür werden wir ganz konkret auf das Thema **Abnehmen** eingehen.

Laut NLP bzw. auch laut der Meinung vieler Psychologen hat Übergewicht und Fettleibigkeit häufig psychische Hintergründe, beispielsweise, wenn Essen als Ersatz für bestimmte Gefühle herhält bzw. steht.

Solche Theorien wurden nie offiziell wissenschaftlich bewiesen und dennoch halten viele Psychologen nach wie vor daran fest. Auch der umgekehrte Fall ist in der

Praxis geläufig: Übergewicht schafft häufig psychische Probleme, beispielsweise Depressionen, Angststörungen, Konzentrationsprobleme oder Schlafstörungen.

Übergewicht beeinflusst nicht nur den Körper, sondern auch das Gehirn. Menschen, die unter Fettleibigkeit leiden, haben im Gehirn teilweise eine niedrigere Dichte an grauer Masse. Auch gibt es deutliche plastische Unterschiede im Gehirn von übergewichtigen Menschen im Vergleich zu Menschen mit Normalgewicht.

Deren Belohnungszentrum ist nämlich verändert. Eine Studie aus dem Jahr 2008 zeigte außerdem, dass Zucker den Dopamin-Haushalt nachhaltig verändert und zudem wurde bewiesen, dass Zucker starkes Suchtpotenzial besitzt.

Die Dopamin-Rezeptoren verändern sich bei ständigem Zucker-Verzehr ähnlich im Vergleich zu Drogensüchtigen. Auch in Princeton stellte man sich die Frage, inwiefern Zucker süchtig macht. Man gab einer Gruppe von Ratten normales Futter, einer anderen Gruppe hingegen eine 25-%-Zuckerlösung, vergleichbar mit einem Sojagetränk.

Nach einem Monat wurden diese Ratten Zucker-süchtig. Sie erhöhten ihre Dosis um das Doppelte. Als man diesen Ratten schließlich Tabletten gab, zeigten sie Entzugserscheinungen, ähnlich wie es bei Drogensüchtigen der Fall ist. Normalerweise melden die Gehirnareale einem beim Verzehr eines geliebten Getränks ein angenehmes Gefühl.

Bei Übergewichtigen ist dieses Gefühl der Freude im Vergleich nicht so ausgeprägt, daher müssen sie mehr Shakes trinken, um dieses Gefühl zu erreichen. Das Belohnungs- und Motivationszentrum ist überstimuliert, sobald der Reiz „*Essen*“ vorhanden ist. Das kognitive Kontrollzentrum im Gehirn wird blockiert und die Kontrolle ist nicht mehr möglich.

Übergewichtige nehmen sich häufig etwas vor, beispielsweise, nichts mehr zu essen. Sobald ihnen aber der Gedanke aufkommt, verlieren sie plötzlich die Kontrolle. Dieser Kontrollverlust hat aber auch noch einen anderen Grund. Die Anzahl der Dopamin-Rezeptoren im Gehirn von Übergewichtigen ist niedriger im Vergleich zur Anzahl der Dopamin-Rezeptoren im Gehirn von „*Normalessern*“.

Die Folge: es kann weniger Dopamin aufgenommen werden. Daher ist es umso wichtiger, auf einen ausgeglichenen Dopamin-Haushalt zu achten. Dafür sollte man eine Zeit lang auf Zucker und Süßstoffe, auf Koffeinhaltiges, auf schwarzen Tee, sowie auf gesättigte Fette verzichten. Grünen Tee zu trinken erhöht hingegen den Dopaminspiegel.

In puncto Ernährung empfiehlt sich der Verzehr von Mandeln, Sonnenblumenkernen, Avocados, Bananen, Kürbiskernen, Guaven, Paprika, Spinat, Broccoli, Kiwis, Orangen und Erdbeeren. Zusätzlich dazu ist Bewegung natürlich wichtig. Wer regelmäßig Sport treibt, erhöht die Anzahl seiner Dopamin-Rezeptoren.

Je weniger man isst, desto mehr Dopamin-Rezeptoren hat man. Je mehr Dopamin-Rezeptoren man hat, desto glücklicher ist man auch. Folglich muss man anschließend nicht mehr essen, um sich glücklich zu fühlen. Für eine angemessene Energiezufuhr ist angemessener und erholsamer Schlaf wichtig.

Wer Übergewicht hat, der hat zugleich einen niedrigen Melatoninspiegel. Um einzuschlafen, wird dann meistens noch gegessen. Damit kann der Melatoninspiegel allerdings nur kurzzeitig angehoben werden, ehe er wieder absinkt.

Die Folge: ein leichter, nicht sehr erholsamer Schlaf. Nahrungsmittel, um seinen Schlaf zu verbessern, sind roggenhaltige Produkte, Hafer, Bananen, Tomaten, Fisch, Vollkorn-Nudeln, allgemein Vollkorn-Produkte statt Weizenmehl. Viel Ingwer, hingegen keine gebratenen oder gebackenen Kartoffeln.

Häufig kommt es vor, dass man etwas anfängt, es dann aber wieder abbricht und zu seinem alten Verhalten zurückkehrt. Um die Sucht aber langfristig zu durchbrechen, muss man etwas in sich verändern. *Wie geschieht die Veränderung in mir?*

Wenn wir ein bestimmtes Verhalten erlernt haben, dann bilden sich im Hirn neuronale Verbindungen. Um diese teilweise negativen neuronalen Verbindungen zu verändern, müssen wir diese Verbindungen auflösen und neue schaffen.

Dies ist beispielsweise durch Hypnose möglich, denn dadurch kann das Gehirn nachweislich verändert werden. Indem man schlechte Verhaltensmuster, beispielsweise schlechte Essgewohnheiten, durch gute austauscht, kreiert man bessere Verbindungen und schafft sich auf diese Weise neue Chancen.

Bonus: Das Gesetz der Anziehung

„Jeder ist seines Glückes Schmied“

(Redensart)

Lieber Leser, liebe Leserin, für dieses Bonus-Kapitel habe ich mir etwas ganz Besonderes überlegt. Das „*Gesetz der Anziehung*“ ist ein magisches Gesetz, welches sehr vielen Menschen dazu verholfen hat, ihr Leben zum Positiven zu verändern.

Daher habe ich mir als kleinen Bonus einen Gastbeitrag von meinem guten Freund Florian überlegt. Florian ist Experte für das Thema *Gesetz der Anziehung* und praktiziert dieses bereits seit vielen Jahren sehr erfolgreich.

Und dies nicht nur bei sich selbst. Florian hat mittlerweile Hunderten von Menschen dazu verholfen mithilfe des *Gesetzes der Anziehung* alles in ihrem Leben zu erreichen, was sie schon immer erreichen wollten. Bevor ich nun noch weitere Worte verliere, übergebe ich das Wort an Florian:

Lieber Leser, liebe Leserin, mein Name ist Florian und ich habe die Ehre in diesem Ratgeber einen Gastbeitrag zum Thema Gesetz der Anziehung veröffentlichen zu dürfen. Ich hoffe, es macht dir nichts aus, wenn ich unabhängig von der bisherigen Anrede-Form auf das **du** übergehe. Ich bevorzuge in meinen eigenen Ratgebern die du-Form, weil ich dadurch schneller die Nähe zu meinen Lesern aufbauen kann.

Kommen wir nun aber zum eigentlichen Thema:

Das **Gesetz der Anziehung** besagt, dass alles, was in dein Leben tritt von dir selbst angezogen wird. Dies gilt, wenn dir Gutes widerfährt, aber genauso auch, wenn dir Schlechtes widerfährt! Wenn dir also deine Mitmenschen Schlechtes wollen, so hast du dies unbewusst ausgestrahlt und entsprechend auch in dein Leben gezogen.

Das Gesetz gilt also für jeden Moment in deinem Leben, überall! Dabei funktioniert es durch drei einfache Schritte:

Fragen

Vertrauen

Annehmen

Aus diesen **drei Schritten** wollen wir nun versuchen, einen Weg zu finden, mit welchem du das Gesetz der Anziehung für dich nutzen kannst!

Entspannung

Schaffe eine ruhige Atmosphäre und meditiere für etwa 5-10 Minuten. Du kannst diesen Schritt natürlich auch weglassen, doch ratsam wäre es, ihn zu befolgen! Insbesondere dieser Schritt hat mir selbst in meinem Leben sehr weitergeholfen. Das Meditieren hilft dir dabei in dich zugehen, gelassener, achtsamer, und innerlich ruhiger zu werden. Denn erst, wenn du innerlich ruhig und ausgeglichen bist, bist du offen, um neue & positive Dinge in dein Leben zu ziehen.

Sei dir deiner Gedanken klar und zweifle nicht daran!

Sei dir bewusst, dass du mit jedem Wunsch, welchen du denkst oder aussprichst einen Wunsch bzw. eine Frage an das Universum stellst! Dieses reagiert in gleicher Weise auf deine Frage. Aus diesem Grund ist es sehr wichtig, dass du immer genau weißt, was du möchtest!

Stelle deine Frage so exakt wie nur möglich! Tust du dies nämlich nicht, so brauchst du dich nicht zu wundern, wenn das Universum, dank der ungenauen Frequenz, welche du benutzt, auch mit keinem Ergebnis antwortet, welches dich zufrieden stellt!

Bitte das Universum!

Du kannst das Universum um alles bitten! Du musst diese Bitten nicht unbedingt in Worte fassen! Suche dir viel lieber ein passendes Bild und sende dieses! Visualisiere deinen Wunsch, je detailreicher, desto besser! Ein **Beispiel**: du möchtest unbedingt das neueste Smartphone! Stell dir also vor, wie du mit dem neuen Smartphone telefonierst oder auch Fotos machst! Visualisiere genau, wie sich das Telefon in deinen Händen anfühlt, spüre das Gewicht in deinen Händen! Höre den Klingelton, welchen du eingestellt hast!

Falls du mit diesem Beispiel nur wenig oder gar nichts anfangen kannst, dann gibt es hier ein weiteres: Falls du derzeit in jemanden verliebt bist, dieser jemand davon aber (noch) nichts weiß, so stelle dir in deinen Gedanken einfach vor, wie du mit der Person ein intimes Candle Light Dinner hast oder wie du Hand in Hand mit ihm (ihr) die Straße entlangläufst. Wie fühlt sich seine (ihre) Hand in deiner an? Hat er (sie) warme Hände? Weiche Hände? Wie riecht er (sie)? Was trägt er (sie) für Kleidung?

Schreibe die Wünsche ans Universum auf!

Formuliere deine Wünsche ganz klar auf

einem Stück Papier! Schreibe immer in der Gegenwart. So, als hättest du bereits erhalten, was du dir wünscht! Beginne deine Formulierung immer in etwa so: *„Ich bin zufrieden und dankbar, dass ...“*

Setze dann deinen Wunsch ein. Auf Verneinungen solltest du dabei immer verzichten (warum, das hast du zuvor schon gelesen). Stelle dir nun jeden Tag vor, wie dein Wunsch erfüllt wird! Mache dazu die Augen zu und stelle dir ein Detail vor, wie es sein wird, wenn dein Wunsch jetzt, in diesem Augenblick, erfüllt wird!

Fühle!

Das ist der wichtigste und auch mächtigste Punkt des Gesetzes der Anziehung! Stelle dir also vor, wie genau du dich fühlen wirst, wenn dein Wunsch erfüllt wird! Rede, denke und handle, als ob sich dein Wunsch just in diesem Moment erfüllt!

Es kann von Mal zu Mal vorkommen, dass es sich so anfühlt, dass dein Wunsch gar nicht mehr erfüllt werden muss, da es sich gezeigt hat, dass du auch ohne dessen Erfüllung glücklich bist. Das Universum aber wird genau darauf reagieren und dieses Gefühl und diese Gedanken verstofflichen und dir deinen Wunsch erfüllen!

Sei dankbar!

Zeige dem Universum, dass du nicht nur nehmen kannst! Gib ihm auch etwas zurück- deine Dankbarkeit! Nimm ein Stück Papier und einen Stift zur Hand und überlege dir, für was du dem Universum dankbar bist! Schließlich hat es schon viele schöne Dinge für dich getan! Sag es ihm!

Ein **Beispiel**: du bist der Neue im Fußballverein.

Ein Teammitglied ist vielleicht neidisch auf deine gute Technik. Er würde es aber niemals zugeben, sondern versucht stattdessen, dich schlecht zu machen. Urplötzlich hört er aber damit auf! Für diesen Umstand kannst du dem Universum danken! Ein anderes **Beispiel**: dein heimlicher Schwarm bekennt sich endlich zu dir!

Danke dem Universum dafür! Auch das Universum ist empfänglich für Dankbarkeit! Es gibt ihm eine extra Portion Motivation, um deine Wünsche noch schneller zu erfüllen!

Setze Vertrauen in das Universum!

Nimm dich selbst einmal weniger wichtig! Viele Menschen denken, dass ihre Belange und Wünsche die wichtigsten auf der Welt sind! Dem ist aber nicht so und das Universum wird ihnen das auf seine Weise mitteilen!

Die meisten Menschen werden dann, meist schmollend, von ihren Wünschen absehen, also versagen sie an diesem Punkt! Sie achten dann nicht mehr auf das, was sie wollen, sondern fokussieren sich auf das was sie nicht haben. Genau das wird dann das Universum manifestieren.

Übe dich in Geduld! Wirf nicht gleich alles hin, nur, weil es etwas dauert, bis sich deine Wünsche erfüllen! Das würde das Universum als Zeichen nehmen, dass du ihm nicht vertraust und deine Wünsche blieben unerfüllt! Vertraue dem Universum! Lasse es für deine Belange arbeiten und es wird dich nicht enttäuschen!

„Wir denken selten an das, was wir haben, aber immer an das, was uns fehlt“ **(Arthur Schopenhauer)**

Denke an dein bisheriges Leben zurück! Finde einen Moment, in welchem du besonders glücklich und mit allem im Reinen warst. *Du hättest gerne mehr solche Momente in deinem Leben? Dann erinnere dich ganz genau, wie du dich dabei gefühlt hast. Hat dein Herz schneller geschlagen, vor Aufregung? Hattest du vielleicht nasse Hände vor Erwartung? Hattest du Schmetterlinge im Bauch?*

Erinnere dich an diese Momente und versuche, sie erneut zu beschwören! Wenn du die gleichen Gefühle wieder erlebst, dann kannst du diese Gefühle bewusst anziehen und in deinem Leben verankern!

Erstelle eine Collage mit den Dingen, die dir wichtig sind, die du dir in deinem Leben wünschst! Das können materielle Dinge sein, genauso wie positive Gefühle! Suche dir starke Bilder und Worte für deine Collage aus! Hänge dann die fertige Collage an einem Platz auf, an welchem du sie am besten schon morgens sehen kannst.

Schaue nun jeden Tag auf deine Collage und konzentriere dich darauf, dem Universum diese guten Gefühle zu schicken! Es wird sie manifestieren und schon bald wirst du deine Wünsche von ihm erfüllt bekommen!

Konzentriere dich auf die Dinge, die du möchtest, anstatt auf diese, die du eben nicht möchtest! Ein **Beispiel**: du hast dir dein Traumhaus gekauft! Natürlich hast du es nicht sofort in bar bezahlen können, sondern musstest es, mithilfe der Bank, finanzieren.

Denke nun nicht daran, wie du deine Schulden abbaust, sondern fokussiere dich darauf, wie du zu Reichtum kommst (finde neue Strategien und Möglichkeiten, wie du noch mehr Geld verdienen kannst).

Ein anderes **Beispiel**: du bist gegen einen bestimmten Konflikt. Fokussiere nun deine Gedanken nicht gegen diesen Konflikt, sondern konzentriere dich auf den Frieden oder auf eine Lösung des Konfliktes, so wie du ihn dir vorstellst! Genau dann, wird dein Verstand dir Lösungen und Wege aufzeigen, wie du diesen Konflikt friedlich lösen kannst.

Fühle dich gut! Wenn du gerne etwas malst, was dich glücklich macht, dann male! Höre deine Lieblingsmusik! Schaue dir die Fotos des letzten Urlaubs an! Spiele mit deinem Haustier! Oder denke ganz einfach an jemanden, den du gerne hast oder den du liebst! Egal, was es ist, das dich glücklich macht, denke daran! Schließe dann deine Augen und genieße dieses Gefühl des Glücklichseins!

Sende positive Gedanken und du erhältst eine positive Realität! Dies sind sogenannte Gemütsaufheller! Sie können dir in bestimmten, negativen Zeiten helfen, dem Leben wieder etwas Positives abzugewinnen! Halte dir immer ein paar dieser Aufheller für schwere Zeiten bereit! Du kannst diese Gedanken und Gefühle auch in schriftliche Form bringen. Bastle dir dafür kleine Kärtchen aus Pappe und schreibe auf, welche Dinge und Gefühle dich glücklich machen!

Lies dir jeden Tag eines der Kärtchen

durch und schließe dann die Augen, denke an diesen Moment zurück und genieße ihn in vollen Zügen! Das kann deine ganz persönliche *„Wohlfühl-Insel“* werden! **Positive Gefühle = Positive Realität!**

Fazit & meine persönliche Empfehlung

Lieber Leser, liebe Leserin,

auf den vergangenen Seiten haben Sie verschiedene Facetten des NLP kennengelernt. Diese Lektüre soll Ihnen als Einstieg dienen und gedient haben, denn wie Sie gelernt haben, gibt es unzählige Techniken und Methoden, die das NLP präsentiert und vorstellt. „*Das NLP*" gibt es schlichtweg nicht.

Vielmehr handelt es sich um vielseitige Techniken und um eine Kiste von verschiedenen Werkzeugen, die das Verhalten zum Positiven verändern sollen. Es sollen also positive Zwecke verfolgt werden, welche ja ebenfalls bereits thematisiert wurden. Die unterschiedlichen Instrumente und Anwendungsmöglichkeiten offenbaren das vielfältige und abwechslungsreiche Potenzial, das vom Neurolinguistischen Programmieren ausgeht.

Es ist Ihre Aufgabe, dieses Potenzial zu nutzen, um Potenzial in Ihnen zu entschlüsseln! Sie müssen für sich herausfinden, welche Techniken für Sie Sinn machen und welche Sie als wirksam erachten. Schließlich gibt es nicht die eine NLP-Methode, sondern viele verschiedene, die bei Ihnen eine Wirkung hinterlassen und auslösen können, oder eben nicht.

Dabei handelt es sich also um eine aktive und bewusste Aufgabe. Das NLP öffnet Ihnen Türen, doch durch diese Türen gehen müssen Sie nach wie vor selbst. Ob Sie nun abnehmen wollen, Ihr Leben mit allen Sinnen präziser wahrnehmen möchten oder sonstige Verhaltensänderungen anstreben - das NLP mit all seinen Paradigmen, Axiomen und Grundsätzen kann und wird Ihnen unter anderem dabei helfen, Ihre negativen und einschränkenden Glaubenssätze und Aussagen abzubauen.

Programmieren Sie Ihr Leben mit NLP einfach um!

Markus Müller

Quellenverzeichnis

NLP Praxis: Neurolinguistisches Programmieren - die besten Techniken und Übungen ... (Ronald Schweppe, Aljoscha Long)

NLP - eine Einführung (Roman Braun)

NLP - Neurolinguistisches Programmieren (Jessica Keller)

NLP Workbook I: Praxishandbuch für NLP-Basic und NLP-Practitioner (Michaela Forstik, Benedikt Ahlfeld)

NLP - Neurolinguistische Programmierung. Magie oder Methode? (Kerstin Dahnert)

NLP for Business: mit NLP zum beruflichen Spitzenerfolg (Jochen Sommer)

NLP: Mentale Ressourcen nutzen (Barbara Seidl)

Das Robbins-Power-Prinzip: wie Sie Ihre wahren inneren Kräfte sofort einsetzen (Tony Robbins)

Impressum

Coverfoto & Grafiken: depostiphotos.com

Covererstellung: fiverr.com

Haftungsausschluss: Die Benutzung dieses Buches und die Umsetzung der darin enthaltenen Informationen erfolgt ausdrücklich auf eigenes Risiko. Haftungsansprüche gegen den Autor für Schäden materieller oder ideeller Art, die durch die Nutzung oder Nichtnutzung der Informationen bzw. durch die Nutzung fehlerhafter und/oder unvollständiger Informationen verursacht wurden, sind grundsätzlich ausgeschlossen. Rechts- und Schadensersatzansprüche sind daher ausgeschlossen. Das Werk inklusive aller Inhalte wurde unter größter Sorgfalt erarbeitet. Der Autor übernimmt jedoch keine Gewähr für die Aktualität, Korrektheit, Vollständigkeit und Qualität der bereitgestellten Informationen. Druckfehler und Falschinformationen können nicht vollständig ausgeschlossen werden. Der Autor übernimmt keine Haftung für die Aktualität,

Printed in Germany
by Amazon Distribution
GmbH, Leipzig

18499163R00091